フライパンファンタジア

毎日がちょっと変わる60のレシピ

今井真実

家の光協会

はじめに

包丁とまな板、フライパンと熱源があればどこでも料理ができます。

いいえ、もっといえば、はさみでも材料は切ることができます。

しかし、フライパンはどんなときでもあったほうがいい。忘れものが多いキャンプ好きの私が実感していることです。

いつもとりあえず26cmのフライパンをキャンプ道具に入れていきます。フライパンさえあれば、お鍋を忘れたとしてもお米を炊けます。網を忘れてしまっても、お肉だってパンだって焼けます。あまりにそばにありすぎてフライパンがこんなに万能だなんて、といつも小さく驚くのです。

毎日の台所でも、献立が浮かばないときは、とりあえずフライパンをコンロの上にのせます。そしてお湯を沸かし、片っ端から冷蔵庫の余りものをゆでていきます。なぜ鍋ではないのかって？

それは沸騰するまでに時間がかかるから。その間にやる気がしぼむのです。間口が広いので、長い葉野菜だってそのまま入れられます。

献立が浮かばないときはたいてい疲れているから、焼くよりゆでるほうが胃にもやさしい。フライパンだったら、洗いものもらくちん。ゆで汁をスープにしても良いのです。

さあ、あなたもそろそろフライパンで料理をしたくなったでしょう？

ファンタジアには形式にとらわれず展開していく作品という意味合いがあります。

フライパンファンタジア。自由な料理の世界へようこそ。

どうぞゆっくりお楽しみください。

日常も

骨のそばのお肉は煮れば煮るほど、繊維がほどけて美味しくなる。

煮込み料理を作るときは、悠然とした気持ちで、フライパンと火に任せましょう。時おり水加減をのぞくと、素材のすがたが変わっていくのがわかるはず。しばらくすると渾然一体とした香りが部屋中に漂っていきます。しっとりとした空気に、料理のささやかな幸福を感じるのはこういうとき。

やさしい火加減で煮込んだスープは澄んでいます。ひとさじ口にすると、ふと顔がほころぶような、そんな純粋な味。

特別な日も

カリカリ、パリパリ、ねっとり。過剰にオノマトペを使いたくなるような食べ物が好き。これはそれを組み合わせた私好みのレシピ。オノマトペスペシャル。

白状すると、じゃがいものガレットを作るとき、いつも少し自分にがっかりしていました。

理想はレース編みのように繊細な見た目にしたいのだけど、じゃがいもの千切りがどうも苦手なのです。しかしこのレシピなら大丈夫。千切りにして、「カリカリ」を通り越し、「ガリガリ」になるまでじっくり火を通すから。ヨーグルトとスモークサーモンとディルでドレスアップしたら、どうでしょう。繊細なチュールではないけれど、ポップでお洒落。何より絶品のひと皿のできあがり。

もくじ

歓声が鳴り止まない、メインのお料理

豚

鶏

牛

ひき肉

魚

テーブルを演出する 野菜の名脇役

さっと奏でて喜びに浸るごはんもの

コラム

本書のルール

・小さじ1は5mℓ、大さじ1は15mℓです。

・火加減はガスコンロ使用を基準にしています。IH調理器具などの場合は、調理器具の表示を基準にしてください。

・鶏もも、鶏むね、豚肩ロースやトンカツ用などのかたまり肉、魚の切り身は、キッチンペーパーで余分な水気をふき取ってから調理しています。薄切り肉やひき肉も、パックに水気が出ているようであれば、ふき取ってください。

・油は米油を使用。クセのない好みの油を使ってください。

・酒は日本酒（料理酒ではなく飲用できるもの）を使用しています。

・野菜を洗う、皮をむく、種やヘタを取り除くなどの下処理は、基本的に記述を省略しています。

フライパンの選び方

本当は
なんでもいいけど、
おすすめを紹介

料理をするときには大、小のフライパンがあると良いでしょう。

ミニフライパン［14cm～20cm］

朝食用、一人暮らしの人、お弁当などに

中サイズ、大サイズ［24cm～28cm］

ソテーや揚げ物に便利。2～4人分に対応

小さいフライパンは熱伝導がよく、さっと副菜を作りたいとき、朝の忙しいときのごはん作りやお弁当作りにも便利。小さいがゆえに洗いやすいです。

大きいものはメイン料理全般、炒めもの、パスタなどにも重宝し、蓋があれば4人分の蒸し料理などもできます。

この本では、20cmと26cmの2種類を使い分けています。時間がなくてさっと作りたいときは20cm。汁ものは26cmあると絶対安心です。

コーティングされたフライパンは料理しやすく、高級なものははがれにくい。肉をじっくり焼いたり、煮込み料理を作る人は、鍋肌が厚く保温効果が高いものを。チャーハンや炒めものなどフライパンを振る人は、軽いものを選ぶと良いですよ。

BALLARINI/バッラリーニ
フェラーラシリーズ

甘栗の炊き込みごはん

材料｜2合分

むき甘栗……10粒（35g）
米……2合
A 酒……大さじ2
塩……小さじ1
昆布……10cm角1枚

つくり方

1. 米は洗って炊飯器に入れる。**A**を加え、2合分の水加減をする。
2. 甘栗をのせ、普通に炊く。

ミニトマトの炊き込みごはん

材料｜2合分

ミニトマト……7個（100g）
米……2合
A 酒……大さじ2
塩……小さじ1
昆布……10cm角1枚

つくり方

1. 米は洗って炊飯器に入れる。**A**を加え、2合分の水加減をする。
2. 半分に切ったトマトの断面を上にしてのせ、普通に炊く。

洋食献立の主食は炊き込みごはん

洋食屋さんでビーフシチューを頼んだらライスが添えられていました。卓上には煎ったお米と一緒に入ったお塩の小瓶。それをライスに振ってシチューと一緒に食べて。ああ、あれ美味しかったんだ。あの感じがいい。

思い出を基に作るようになったのが、塩味のシンプルな炊き込みごはん。白いごはんに素材の色、洋風ごはんにぴったりです。季節の旬のお野菜を炊き込んで、ちょっと特別な献立になるのも嬉しいところ。

オリーブの炊き込みごはん

材料｜2合分

グリーンオリーブ（種を抜いたもの）……10粒
米……2合
A 酒……大さじ2
塩……小さじ1
昆布……10cm角1枚

つくり方

1. 米は洗って炊飯器に入れる。**A**を加え、2合分の水加減をする。
2. オリーブをのせ、普通に炊く。

ポイント

黒こしょうを振ると美味しい。

アスパラの炊き込みごはん

材料｜2合分

アスパラガス……1束（100g）
米……2合
A 酒……大さじ2
塩……小さじ1
昆布……10cm角1枚

つくり方

1. 米は洗って炊飯器に入れる。**A**を加え、2合分の水加減をする。
2. アスパラガスは根元の皮をピーラーで薄くむき、1cm幅程度に切ってのせ、普通に炊く。

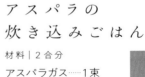

歓声が鳴り止まない、メインのお料理

キッチンでも
食卓でも、
わくわくする
気持ちに
してくれる主役。
難しいことは
ちょっと忘れて
レシピに身を
任せましょう。

切る↓煮る

豚ばらとレンズ豆の煮込み

フレンチの定番の煮込みである「プティサレ」。塩豚といろんな香味野菜と豆を煮込む。私の大好きなメニューですが、食べたいと思ってから、できあがるまで時間がかかるのがつらいところ。

しかしこのレシピなら、大丈夫！　豚肉を小さく切ることで、具材が柔らかくなるのが断然早いんです。

とろりとした豚の旨みも脂も、ほろほろとしたレンズ豆にからんでたまりません。白ワインがきっちりと役割を果たし、香り高く仕上げます。なんてミニマムで美味しいのでしょう！

水で長時間戻す必要がないので、レンズ豆は何かと便利な食材です。

材料｜作りやすい分量

豚ばらかたまり肉……300g
塩……3g（肉の重量の約1%）
玉ねぎ……1/2個（100g）
A　レンズ豆（乾燥）……50g
　　水……400mℓ
　　白ワイン……100mℓ

作り方

1　豚肉は気になる脂を取り除き、1cm幅に切り、さらに2cm角に切って塩をまぶす。玉ねぎは粗みじん切りにする。

2　フライパンに*1*と*A*を入れ、中火にかける。沸いたら少し火を弱め、蓋をして30分煮る。肉が柔らかくなったら、蓋をあけて中火でほんのり汁気が残る程度まで煮詰める。

切る↓焼く

アボカドとソーセージのオムレツ

物は試しに、と編集の方がいらっしゃった時に試作したこのオムレツ。「うまっ！」「美味しい！」と2人で大盛り上がりしたのがとても良い思い出です。なぜこの材料だけで、こんな絶妙な味になるのか謎なほど。ソーセージはあのブランドのあのパリッとするものを使っています。卵もぎりぎりの量を使い、具材をとじているのでぺろりと食べられてしまいますよ。

材料｜3～4人分

アボカド……1個
ソーセージ……2本
卵……3個
塩……小さじ1/8
オリーブオイル……大さじ1

作り方

1 アボカドは角切りに、ソーセージは5㎜幅に切る。卵は塩を加えてよく混ぜる。

2 フライパンにオリーブオイルを強めの中火で熱し、*1*のアボカドとソーセージを焼く。アボカドの色が鮮やかになったら*1*の卵を流し込み、へらで大きく混ぜて広げる。

3 片面がこんがり焼けたらフライパンから滑らせるように一度皿に移す(*a*)。フライパンを皿の上に当て(*b*)、一気に裏返してフライパンに戻し(*c*)、両面をこんがり焼く。

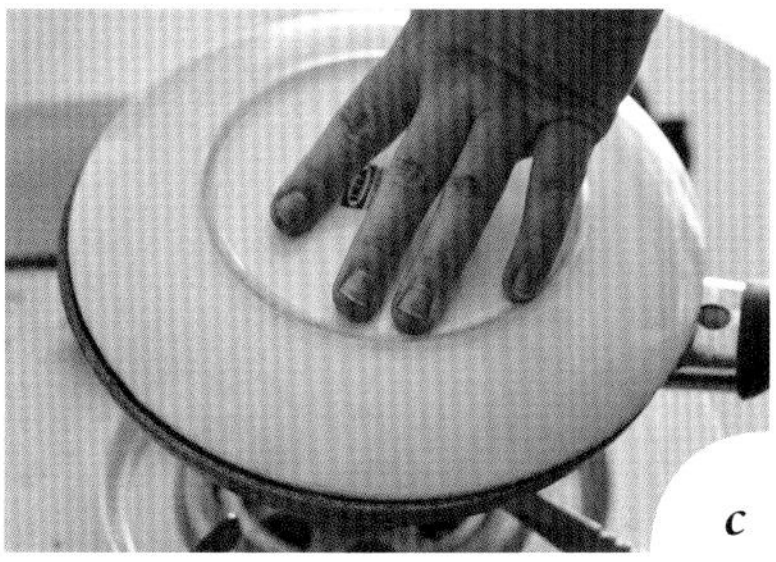

c

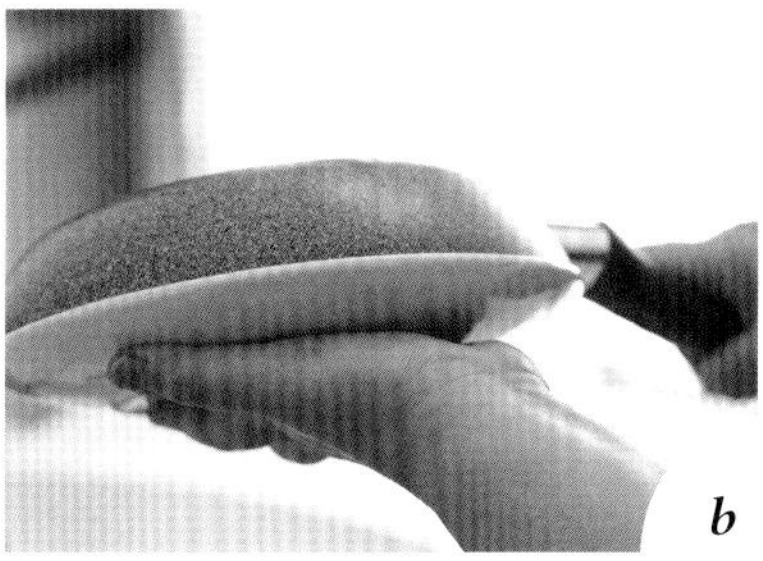

b

切る↓焼く↓煮詰める

豚肉とブルーベリーの白ワイン煮

果物を使った料理が好きです。お野菜が甘くて美味しいと重宝されるなら、果物も普段のお料理に使っても良いはず。色や香りも艶やかだから、お料理をしている最中だって気持ちが高揚するんです。

　お肉と果物は間違いのない相性。ブルーベリーと赤玉ねぎ、白ワインだけとは思えないほど、甘みとコク、さわやかな酸味が複雑に重なります。お肉も柔らかな仕上がりに。舌にも目にも美しいお料理だから、特別な日にも。

材料｜4人分

豚肩ロースブロック肉……400g
塩……4g（肉の重量の1%）
赤玉ねぎ……1個（約150g）
ブルーベリー（冷凍）……130g
白ワイン、水……各100mℓ
オリーブオイル……小さじ2

作り方

1 豚肉は1cm厚さに切り分け、さらに5cm大に切る。赤玉ねぎは薄切りにする。

2 フライパンにオリーブオイルをひき、豚肉を並べる。塩の半量を振って中火にかけ、両面2分ずつ焦げ目がつくまで焼く。水気が出たらキッチンペーパーでふき取り、残りの塩を振って火を止める。

3 **2**に、赤玉ねぎとブルーベリー100g、白ワイン、水を入れて、蓋をする。中火にかけて沸騰したら弱めの中火にして20分蒸し煮する。

4 蓋を取り、中火にかける。残りのブルーベリーを入れ、20分煮詰めて水気を飛ばす。塩で味を調える。

メモ

余計な肉の脂を取り除くとブルーベリーのさわやかさが引き立つすっきりした美味しさに。

切る↓ゆでる

ゆで豚と温野菜、スープ

もう何にも献立が浮かばないほど疲れているとき。

お肉とお野菜を炒めちゃえば良いのだけど、くたくたなときはあっさりとしたものが食べたいんです。時間があればお鍋にしちゃうのにと思ったとき、ふと閃いたのが、この料理。

お野菜とお肉を順にゆでて、ゆで汁はスープにすれば、なんて楽なのでしょう。各自好きな味付けで食べれば、みんな幸せ。

でもね、これ1人ごはんにもおすすめです。分量はあくまで目安。お好きなようにしてくださいね。

材料｜3～4人分

豚こま切れ肉……300g
キャベツ……4枚（100g）
にら……1束（80g）
A｜水……800mℓ
　｜酒……50mℓ
　｜塩……大さじ1/2

ごまだれ

しょうゆ……小さじ3
ねりごま……小さじ2
酢、はちみつ……各小さじ1
にんにくのすりおろし
……ごく少量

スープ

わかめ（刺身用）……20g
しめじ……1/4パック（25g）
しょうゆ……小さじ2

メモ

塩蔵わかめは塩気を抜いて戻す。
乾燥わかめはそのまま使用する。

作り方

1 キャベツは大きめにちぎる。にらは根元を少しだけ切り落とし、7cm長さに切る。

2 フライパンにAを沸かす。弱めの中火で1をしんなりする程度にさっとゆで、取り出して器に盛る。

3 2の火を止めて豚肉を入れ、菜箸でほぐすように広げる。中火にかけ、肉の色が変わったらすぐに取り出す。2の器に盛る。

4 （ごまだれをつくる）ごまだれの材料を混ぜ合わせ、小皿で添える。

5 （スープをつくる）わかめは食べやすく切る。しめじは根元を切り落とし、ほぐす。

6 3のゆで汁を強火にかけ、アクを除く。5を加えてさっと煮て、しょうゆを加える。塩（分量外）で味を調える。

切る→煮る

豚こまとごぼうの柳川鍋

角田光代さんの短編小説集『彼女のこんだて帖』には美味しそうなお料理がたくさん登場します。

この小説を読んで初めて作ったのが「豚柳川」。今までなんでこれを作らなかったの！ と思うほど、大好きなお料理になりました。

お出汁がたっぷり染み込んだごぼうに、豚の脂の旨み。2つの素材にとろとろの卵がからみ、まろやかに仕上がります。きりっと香る三つ葉が、次のもうひと口を促して、もう止まりません。山椒をたっぷりかけるとまた良いんです。

私はちょっと塩味を効かせて、白いごはんにかけて食べるのがいつもの食べ方。丼というより、スープかけごはんくらいの雰囲気です。

材料｜4人分

豚こま切れ肉……300g
ごぼう……1本（約150g）
だし汁（カツオ節と昆布）……600mℓ
A｜塩、みりん、しょうゆ……各小さじ2弱
溶き卵……4個分
三つ葉（なければ青ねぎ）……5g

メモ

好みで粉山椒や七味唐辛子をたっぷりと。

作り方

1 ごぼうはピーラーで薄切りにする。フライパンにだし汁と共に入れて強火にかけ、しんなりするまで3分ほど煮る。

2 火を止めて*1*に豚肉を入れ、菜箸でほぐすように広げる。Aを加え、強火でひと煮立ちさせる。

3 溶き卵を流し入れ、2分ほどぐつぐつと火を通したら、蓋をして火を止める。好みの半熟具合に仕上げる。ざく切りにした三つ葉をのせる。

切る↓ゆでる↓煮る

スペアリブと大根、すだちのスープ

骨つき肉をすっきりとした味のスープに仕上げるには、一度ゆでこぼして綺麗に洗えば良い。そのように教えてくださったのは、スープ作家の有賀薫さん。おっしゃる通り、ゆでたスペアリブを、ざぶざぶとぬるま湯で洗い、そのフライパンまで綺麗に洗って作ったスープは、驚くほど澄んだ味がしました。

フライパンでじっくり煮込むから、具材が重なることがなく、形が綺麗なまま。焦げ付きなどの心配もありません。スペアリブと大根の滋味深いお出汁は体に染み渡る美味しさです。

材料｜3～4人分

豚スペアリブ……4本（約300g）

大根……1/4本（約7cm分・200g）

しめじ……1/2パック（50g）

しょうが……大1かけ（20g）

A｜昆布……10cm長さ1枚

塩、しょうゆ……各小さじ1

水……800mℓ

酒……50mℓ

すだち……適量

作り方

1 大根は縦4等分に切ってから乱切りにする。しめじは根元を切り落とし、ほぐす。しょうがは薄切りにする。

2 スペアリブは、包丁で骨を切り離し、肉の部分を3cm角に切る。フライパンにたっぷりの水（分量外）と肉、骨を入れて強火にかける。沸いたら5分ほどゆで、ざるにあげる。肉や骨についたアクを流水できれいに洗う。

3 フライパンに*A*と*1*、*2*を入れ、強火にかける。沸いたら弱火にし、50分煮る。味をみて、しょうゆ小さじ1程度（分量外）で味を調える。器に盛り、すだちを搾る。

メモ

骨も一緒に煮ると、より美味しい出汁が出る。
蓋をあけて煮ることで、豚肉の臭みが残らない。

切る↓焼く

豚肉とりんごのブルーチーズソテー

しょうが焼き用の豚肉で、お洒落なひと皿を作りましょう。しょうが焼き用のお肉はほどよい厚みで、火も通りやすくボリュームもあります。

成功のコツは、脂身の多い豚肉を選ぶこと。手に入れば肩ロースがぴったりです。

バルサミコ酢で煮た甘酸っぱいりんごが、豚肉とゴルゴンゾーラの後味をさっぱりさせて、食べ飽きません。りんごの代わりに桃で作っても美味です。

材料｜3〜4人分

豚肩ロース肉（しょうが焼き用）
……6枚（約300g）

塩……小さじ1/2

小麦粉……大さじ1

りんご……1/2個（約150g）

ゴルゴンゾーラ ピカンテ……30g

バルサミコ酢……大さじ1

オリーブオイル……大さじ1

黒こしょう……適量

作り方

1 豚肉はバットに広げ、両面に塩を振って小麦粉をさっとまぶす。りんごは15〜16枚程度のくし形の薄切りにする。

2 フライパンにオリーブオイルをひき、*1*の豚肉を並べて中火にかける。両面色が変わるまで焼いたらゴルゴンゾーラをちぎって豚肉にのせ、蓋をして火を止める。余熱でゴルゴンゾーラが溶けたら皿にあげる。

3 *2*のフライパンの油をキッチンペーパーでふき取り、*1*のりんごとバルサミコ酢を入れて中火でねっとりとするまで5~7分煮詰める。*2*の豚肉を戻し10秒ほど温める。器に盛り、こしょうを振る。

メモ

りんごの皮は、見た目のかわいらしさを楽しみたいのならむかずに。口当たりのよさを優先したいのなら、むいて使う。

切る↓焼く

鶏とれんこんのローズマリーソテー

カリカリジューシーな鶏肉の旨みがれんこんにからんで、最高に美味しい。フライパンひとつでできるご馳走です。

れんこんは皮つきのままで！　鶏の脂で、揚げるようにこんがりさせるのが、たまらなくいいんです。最後に広がるのはローズマリーのさわやかな香り。

粒マスタードをたっぷりつけるのもおすすめ。ぷちぷちとした食感と酸味が脂を中和して「飽きない美味しさ」にしてくれます。

材料｜3～4人分

鶏もも肉（唐揚げ用）……400g
塩……4g（肉の重量の約1%）
れんこん……200g
にんにく……2かけ
ローズマリー……3本
オリーブオイル……大さじ2

作り方

1. フライパンにオリーブオイルをひき、鶏肉の皮目を下にして並べる。塩の半量を全体に振って中火にかける。れんこんは皮つきのまま乱切りにし、フライパンの空いたところに皮を下に入れていく。にんにくは薄切りにし、鶏肉とれんこんの間に入れる。
2. 鶏肉の皮がカリッと焼けたら裏返し、ローズマリーをのせる。にんにくが焦げそうになったら、鶏肉の上にのせる。れんこんも焼き色がついたら裏返し、残りの塩を振る。
3. 鶏肉を裏返して5分ほど、れんこん全体にこんがりと焼き色がついたら器に盛る。

メモ

鶏肉の水気は必ずふき取ること。はねて危険。

我が家で「今日は春巻きよ！」というと、これが定番。冷凍庫に眠っていたむね肉1枚がご馳走に大変身。具材を切って巻くだけなので、とっても気軽です。酢醤油辛子も良いし、お塩と山椒とレモンの組み合わせも捨てがたい……！　そんなふうに食べているといつもあっという間になくなってしまいます。

鶏むね肉のやみつき春巻き

切る↓巻く↓揚げ焼き

材料｜10本分

春巻きの皮……10枚
鶏むね肉（皮なし）……1枚（300g）
長ねぎ（白い部分）……1本
A｜ごま油……大さじ1
　酒……小さじ1
　塩……小さじ1/2
のり……小麦粉大さじ1＋水小さじ1
油……大さじ8程度
レモン、塩、粉山椒……各適量

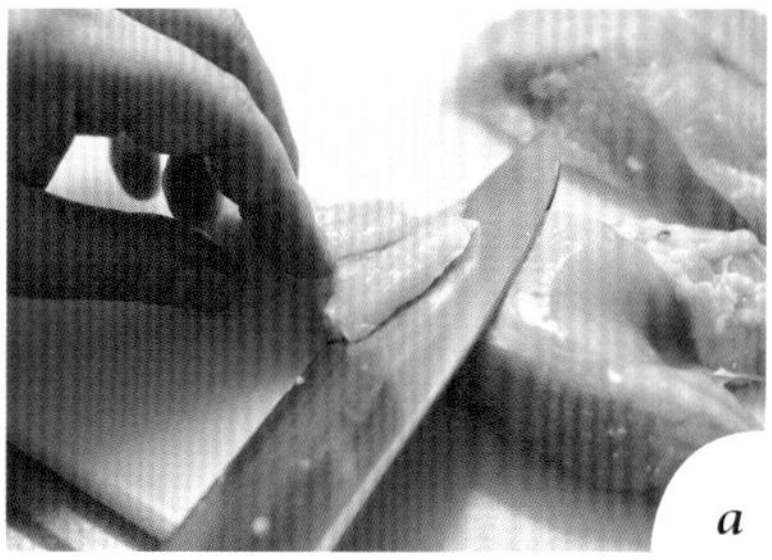

a

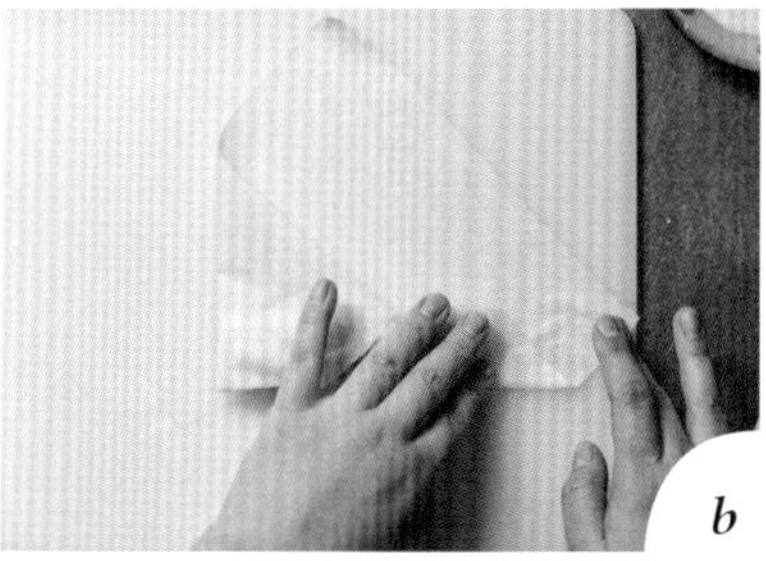

b

c

作り方

1 鶏肉は縦3等分に切って薄いそぎ切りに（*a*）、長ねぎは縦半分に切ってから、斜めに薄切りにする。ボウルに入れ、*A*を加えて混ぜる。

2 のりの材料を混ぜ合わせる。春巻きの皮1枚をひし形に置き、手前に*1*の1/10量を置く。皮の四隅にのりをつけておく。

3 手前から、具を一気に包むようにきつめにひと巻きする。さらにのりをつけながら左右を折りたたみ（*b*）、ふんわり巻いていく。巻き終わりをのりで留める。

4 フライパンに油を入れ、*3*の春巻きを入れて弱めの中火にかける。スプーンで油をかけながら揚げ焼きにする（*c*）。きつね色になったら裏返し、油をかけながら全体をこんがりと揚げ焼きにする。器に盛り、レモン、塩、粉山椒を添える。

メモ

・油の温度が徐々に上がることで、パリッとした食感になる。
・のりは巻いている途中、こまめにぬるとずれずにきれいな仕上がりに。
・最初のひと巻きはきつめに、仕上げはふんわり巻くと、パリッとした食感に。

切る↓からめる↓揚げ焼き

ど真ん中の唐揚げ

唐揚げって皮がついたままだと、衣のつき方がムラになったりしませんか？（私だけ？）思いきって別々に揚げたら、これが大正解。油もはねにくく楽なのです。

味付けはお塩が主役で焦げにくく、衣は米粉と片栗粉にすることで、結果的に薄衣でカリッとさせることができます。フライパンに油はたった1㎝。コツがたっぷりの王道唐揚げです。

材料｜3〜4人分

鶏もも肉……500g

A
- にんにくのすりおろし……1〜2かけ分
- しょうがのすりおろし……1/2かけ分（10g）
- しょうゆ、酒……各大さじ1
- みりん……大さじ1/2
- 塩……5g（肉の重量の約1%）

米粉……大さじ3

片栗粉……大さじ2

油……適量

レモン……適量

a

作り方

1 鶏肉は皮をはぐ。肉は6㎝角に切る。どちらもボウルに入れて*A*を加えて混ぜ、15分室温に置く。

2 皮と肉に米粉をまんべんなくまぶしてから、片栗粉をまぶし、余分な粉をはたく。

3 フライパンに油を深さ1㎝入れ、*2*の皮だけを広げて入れる（*a*）。中火で、両面をカリカリに揚げる。バットにあげ、一度火を止める。

4 フライパンに*2*の肉を重ならないように並べ、中火にかける。3分経ったら裏返し、さらに3分揚げる。火を強め、きつね色になるまで30〜40秒、こまめに上下を返してカラッと揚げる。油をきって器に盛り、くし形切りにしたレモンを添える。

切る↓揚げ焼き↓からめる

止まらない黒酢鶏

塩唐揚げの部分（工程2）ですでに、笑っちゃうほど美味しいのですが、こってり甘酢でざっと和えたら言わずもがな。
たれがからんだ鶏肉も最高なのですが、お野菜の美味しさ！ れんこんのしゃきしゃき、長いものホクホク。誰もが大好きな一品です。お野菜は玉ねぎ、じゃがいも、パプリカなども美味しいです。

材料｜3～4人分

鶏もも肉（唐揚げ用）……400g
塩……4g（肉の重量の約1%）
片栗粉……大さじ2
長いも……150g（直径6×長さ12cmほど）
れんこん……100g
A｜黒酢……大さじ4
｜砂糖……大さじ2
｜しょうゆ……大さじ1
油……大さじ2

作り方

1. 長いもは皮つきのまま半分の長さに切り、縦8等分に切る。れんこんは皮つきのまま小さめの乱切りにする。鶏肉に塩を振り、片栗粉をまぶす。
2. フライパンに油をひき、*1*の鶏肉の皮目を下にして並べる。中火にかけ、皮がカリッとしたら裏返す。
3. 鶏肉をフライパンの片側に寄せ、空いたところに*1*の長いもとれんこんを入れる。弱めの中火で焼き色をつけてバットにあげる。鶏肉も上下を返しながらカリッとするまで揚げ焼きにし、バットにあげる。
4. キッチンペーパーでフライパンの油をふき取り、*A*を入れて強めの中火で沸かす。*3*を戻し入れ、水気がなくなるまでからめる。

切る→蒸す

手羽元の昆布蒸し

このお料理を作っていると昆布も鶏肉もおねぎもえらいなあ、なんて良いお出汁が出るんだろう、としみじみ思います。

実はこのレシピ、少しユニーク。ぶつ切りにしたおねぎの上に手羽元をのせます。お肉がちょっと浮いているので蒸されたようになるのです。

手羽元は切れ目を入れて骨からこそぐように開いたら、火の通りがよくなり、片栗粉のおかげでちゅるんとした口当たり。

誰かに教えたくなる、何度も作りたくなる一品です。

材料｜3～4人分

鶏手羽元……6本（400g）
塩……4g（肉の重量の約1%）
片栗粉……小さじ1/2
長ねぎ……1本
にんにく……3かけ
昆布……10cm長さ1枚
酒……100mℓ

作り方

1 手羽元は皮目を下に置き、骨に沿って少しずつ切れ目を入れる（*a*）。包丁で肉を左右に広げて観音開きにする（*b*）。塩と片栗粉をまぶす。

2 長ねぎは5cm長さに切る。にんにくはつぶす。昆布は3cm長さ、1cm幅にはさみで切る。

3 フライパンに昆布を散らし、長ねぎを入れる。手羽元は長ねぎの上に、切れ目を下にして並べてのせる。にんにくは空いたところに散らす。酒を加え、蓋をして弱めの中火にかけ、沸いたら10分蒸す。

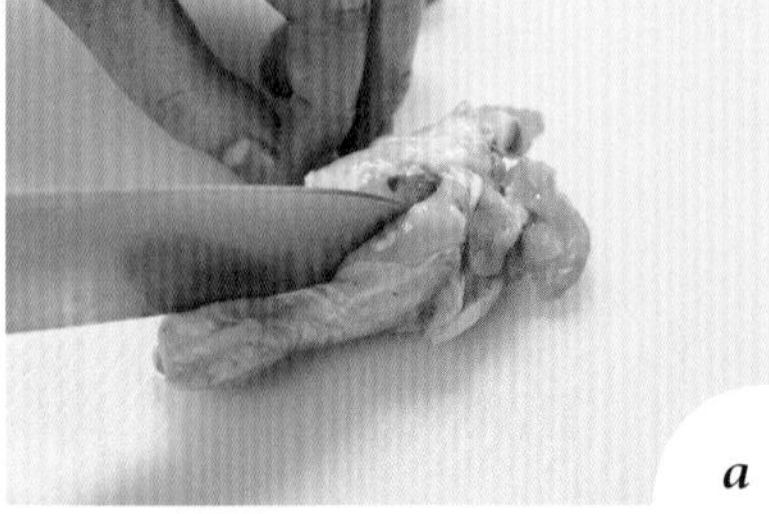

a

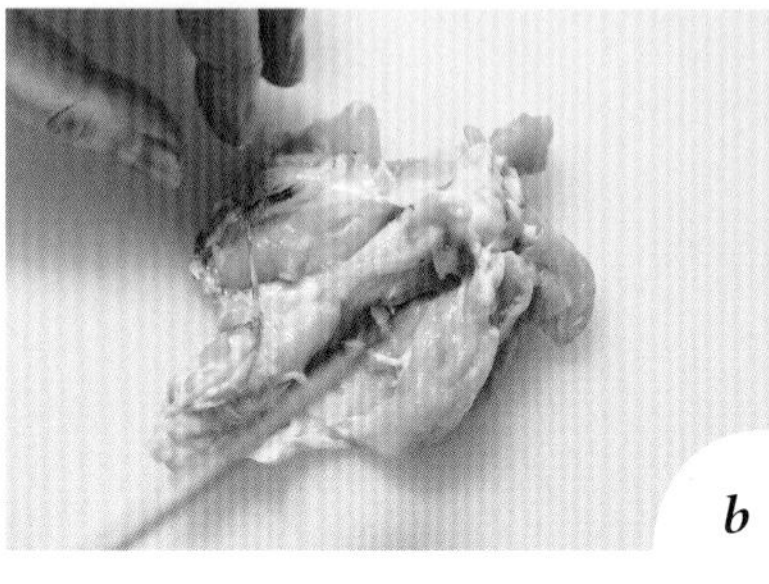

b

もうこのお料理を作り始めて10年以上。「柿嫌いの家族もおいしい！ と食べました」「味見のつもりが食べちゃいました」との声をたくさんいただいたレシピです。

作りたてより、冷たくてもちょっと粗熱がとれたくらいが美味しいんです。おもてなしやおもたせにもぴったりですよ。

感動柿レバー

切る↓洗う↓焼く↓煮詰める

材料｜2～3人分

柿……1個
鶏レバー……200g
にんにく……2かけ
A｜クローブ……3個
　バルサミコ酢……大さじ2
　砂糖……小さじ2
　塩……小さじ1/2弱
バター……10g

作り方

1 鶏レバーはハツとレバーに切り分ける。ハツは白い脂肪を取り除いて切れ目を入れて開き(*a*)、血のかたまりをざっと取り除く(*b*)。レバーは2～3cm大に切る。

2 ボウルにたっぷりの水(分量外)を張り、*1*を入れる。水流を作るように手で混ぜて洗い(*c*)、一度ざるにあげる。ボウルに新しい水を張って戻し、同様に水流を作って洗う。水がにごらなくなるまで水を替え、繰り返す。

3 *2*をボウルに入れ、塩小さじ1(分量外)を振り軽くもむ(*d*)。出てきた汚れを洗い流し、キッチンペーパーで水気をよくふき取る。

4 柿は皮をむき小さめのひと口大に切る。

5 にんにくは薄切りにする。フライパンにバターと共に入れ、弱火にかける。香りがたったら*3*を入れ、色が変わったら裏返す。

6 *4*を加えて中火にし、*A*を加えてひと混ぜする。強火にし、ゴムべらで上下を返しながら水分がほぼなくなるまで煮詰めたら器に盛る。

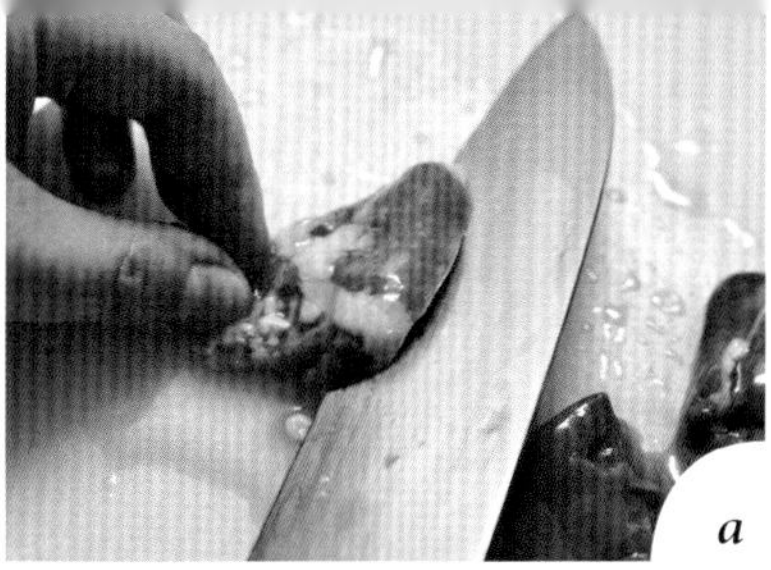
a

b

c

d

メモ

バルサミコ酢はメーカーによって味が違うので、物足りなさを感じる場合は、バルサミコ酢を大さじ1ほど足し、さらに煮詰める。

むね肉をそぎ切りにして、叩いてのばしたら、むね肉1枚で4人分はゆうに出来てしまうカツレツです。というと、とっても経済的なのですが衣に「パルメザンチーズ」を贅沢に使います。

コクがたっぷり、オレガノが香りリッチな食べ心地の一皿です。レモンをぎゅっと絞って、お塩だけでどうぞ（というのが理想ですが、うちの子たちは中濃ソースをかけちゃいます）。

切って叩く↓衣づけ↓揚げ焼き

鶏肉とスナップエンドウの香草フリット

材料｜3〜4人分

鶏むね肉（皮なし）……1枚（300g）
塩……小さじ1/2
こしょう……適量
粒マスタード……小さじ2
スナップエンドウ……10個

A｜卵……2個
　パルメザンチーズ……20g
　小麦粉……大さじ2

B｜パン粉……100g
　オレガノ（ドライ）……大さじ1

オリーブオイル……適量
レモン……適量

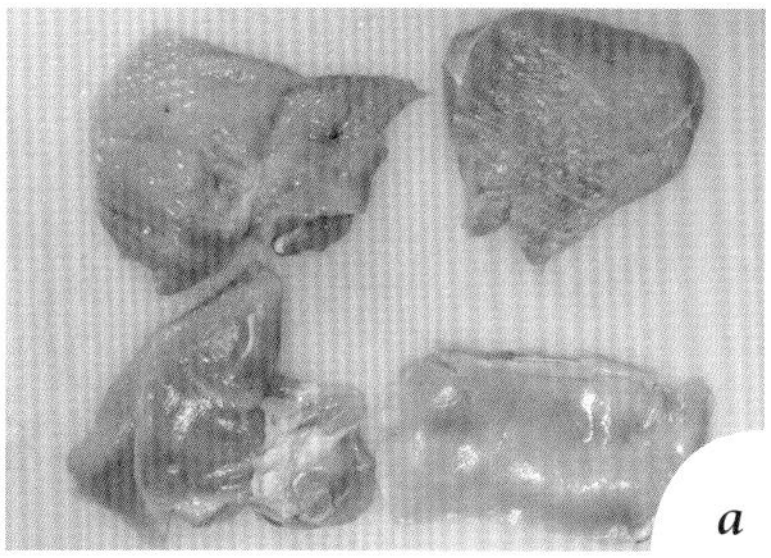

a

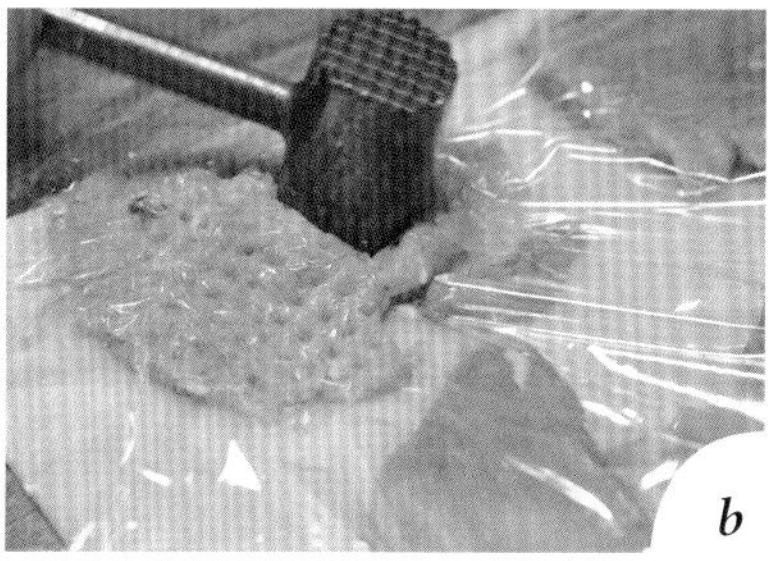

b

作り方

1 鶏肉は4等分のそぎ切りにする（*a*）。まな板に並べ、ラップをかぶせて肉叩き（または麺棒やびんの底）で、薄くなるまで両面を叩く（*b*）。全体に塩、こしょうを振り、片面に粒マスタードをぬる。スナップエンドウは筋を取る。

2 **A**を混ぜ合わせてバッター液を作る。**B**を混ぜ合わせてハーブパン粉を作る。***1***の鶏肉をバッター液にくぐらせ、ハーブパン粉をまぶす。

3 フライパンにオリーブオイルを5㎜深さに広げる。**2**を入れて中火にかけ、両面をこんがりと揚げ焼きにする。***1***のスナップエンドウも同様に、バッター液にくぐらせてハーブパン粉をまぶし、一緒に揚げ焼きする。器に盛り、くし形切りにしたレモンを添える。

メモ

揚げ焼きしていてオリーブオイルが足りなくなったら、少しずつ足す。レモンを搾って塩をつけながら。好みでソースでも。

基本のむね肉のソテーは私の十八番レシピ。ご存じの方も多いかもしれません。

このメニューは応用編。むね肉を焼くときにブロッコリーも一緒に、フライパンの空いたスペースに並べましょう。

ブロッコリーは、フライパンでソテーしても美味しく仕上がります。むね肉から出たエキスをブロッコリーがじわじわ吸いこみます。

瑞々しく焼き上げたむね肉はそれだけでもご馳走ですが、いろんなアレンジができるとさらに献立作りの幅が広がります。

切る↓焼く

鶏むねブロッコリーマスタードしょうゆ

a

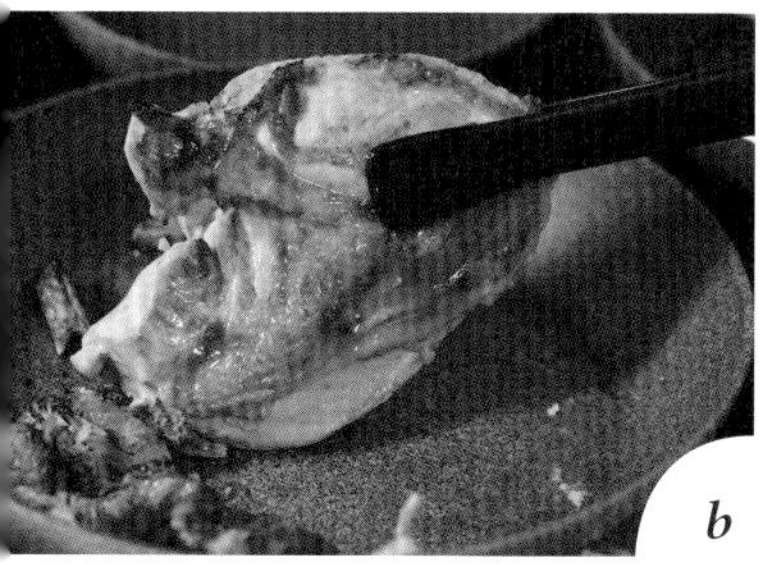

b

材料｜2人分

鶏むね肉……1枚（約300g）
塩……3g（肉の重量の約1%）
ブロッコリー……1個（約200g）
A｜水、白ワイン……各大さじ2
　しょうゆ、粒マスタード……各大さじ1/2
　にんにくすりおろし……1かけ分
オリーブオイル……大さじ2
黒こしょう……適量

下準備

鶏肉は調理の30分前に冷蔵庫から出し、室温に戻す。

作り方

1 鶏肉全体に塩を振る。ブロッコリーは小房に分け、茎の硬い部分をむき、スライスする。

2 フライパンにオリーブオイルをひく。*1*の鶏肉の水気をふき取り、皮をピンと張りながら、皮目を下にして置く。まわりにブロッコリーを入れる。

3 アルミホイルをふわっとかぶせ（*a*）、弱めの中火で14分焼く。皮が濃いきつね色になったら裏返し、再びアルミホイルをのせて5分焼く。

4 アルミホイルをはずし、鶏肉を持ち上げて側面も焼く（*b*）。バットにあげて10分ほど休ませたら、斜め薄切りにする。

5 ブロッコリーに*A*をからめ、中火で煮詰めたら、鶏肉と共に器に盛る。仕上げに黒こしょうを振る。

メモ

皮をパリッと仕上げるためアルミホイルは蒸気が逃げるようにふわっとかぶせる。

チキンソテーの醍醐味といえば、丁寧に焼いてパリッとさせた皮。そこにナイフを入れると肉汁が溢れて、急いで口に運ぶと、その食感のコントラストに夢見心地になります。

この鶏肉にトマトを合わせるのは私の思い出の味。小さい頃行ったファミリーレストランでチキンソテーを頼むと、にんにくたっぷりのトマトソースがかけられていました。子ども心にいつも感激したものです。

ミニトマトのソースは簡単なのに旨みたっぷり。さわやかな酸味が鶏肉の脂を受け止めます。全てのエキスをきっちりごはんにからませて。ごはん自体もソースのようにお肉と一緒に食べてください。うーん！と唸る美味しさです。

焼く↓ソースを作る

鶏もも肉の ジューシーソテー ミニトマトソース

材料｜2人分

鶏もも肉……400g
塩……4g（肉の重量の約1%）
こしょう……適量
A｜にんにくのすりおろし……2かけ分
　｜酒……大さじ1/2
ミニトマト……10個
オリーブオイル……大さじ1/2

下準備

鶏肉は調理の30分前に冷蔵庫から出し、室温に戻す。

作り方

1 鶏肉は皮と身の間の脂肪や、身からはみ出た皮を取り除く。塩、こしょうを振って10分ほど置く。

2 ***1***の鶏肉の水気をふき取り、フライパンに、皮をピンと張りながら、皮目を下にして置く。弱火で5分焼いたら、オリーブオイルを加えてアルミホイルをふんわりとかぶせる。弱めの中火で12分焼いたら、きつね色に焼けているか確認する。焼き目が浅い部分は菜箸で押さえ付ける。

3 鶏肉を裏返し、アルミホイルをはずして弱火で2分焼く。側面も焼き色をつけ、油切りバットにあげて休ませる。

4 ミニトマトを半分に切る。***A***と共に肉汁の残ったフライパンに入れ、中火で5分ほど絶えず混ぜながら煮くずす。

5 ***3***でバットに落ちた肉汁を***4***のフライパンに戻してひと煮立ちさせ、味見をして塩ひとつまみ（分量外）入れる。器に盛り付けた鶏肉の上にかける。

メモ

皮に当たる火の温度を均一にするため、ときどきフライパン内で肉の場所を変えて。

色っぽくなる果物料理

「甘い！」
ミニトマトを食べても、生のかぶをがぶりとかじっても、最近は舌先で甘みをどこか探してしまいます。

そんなことしなくても、いいのにね、お野菜はそのものの味で十分なのに。そう思いながらも、甘いお野菜に出会うと嬉しくなるのも本音です。

それならば、いっそのこと甘い果物をお料理に使ったって良いんじゃない？　そう思っていろいろと実験のように試作を重ねたらどんどん楽しくなってしまい、今回も柿、ブルーベリー、りんご、バナナと、果物レシピをたくさん掲載しています。

果物をお料理に使うといえばみなさん思い出すのは、パイナップルの入った酢豚ではないでしょうか？　私は某ピザチェーンのトロピカルピザも頭に浮かびます。

温かい果物という存在が、ちょっと抵抗があるかもしれませんし、甘みと酸味が少し突拍子ない感じがするんですよね。

でも、今回ご紹介するレシピは大丈夫。入門編として試していただきたいのは柿レバー。ソースとして一体化して、入っていることさえ、言われないとわからないほど。

よくよく考えると、市販のウスターソースだって原材料を見てみると果物が入っていることもありますよね。

そうそう、ソースといえば、果物のフライだっておいしいんですよ。バナナや、洋梨だって！　チーズや生ハムを巻くとなかなかいけるんです。

糖分や色のおかげで、果物を使ったお料理はつやつやな、色っぽい風情の仕上がりに。フルーティな香りを与えてくれるので、ワインや日本酒にも合わせたくなります。晩酌のときやおもてなしにも重宝するでしょう。

わが家の子どもたちにも果物料理は人気です。普段サラダには見向きもしない子どもも「え！バナナ入っているの？」と喜びます。

甘みがアクセントになって食べやすいようです。

果物は当たり外れも多く、いつの間にか野菜室でシュンと元気がなくなっていることもしばしば。わが家も果物が好きだからこそ、もったいないからって残していると食べごろを逃してしまうこともあり……。しかし、そんなときにこそ、無駄にしないでぜひお料理に使ってみてください。

鮮やかさも、瑞々しさも、食卓に新しい色を添えてくれますよ。

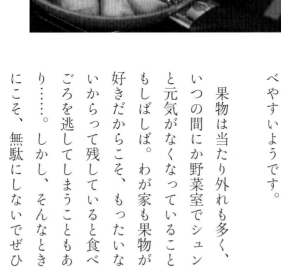

すき焼きは家族の大好物。最近はフライパンを使うことが一番多いんです。なぜなら、キャンプでも作るから。

その土地の名産牛の切り落とし肉を買って、採れたてのお野菜で作るすき焼きは最高に美味しいんです。すき「焼き」っていうでしょう？　私は焼きたいんです。焦がしたい。だから、フライパンが一番都合がいいってわけなのです。

このすき焼きは、お肉とお野菜を焼きながら、少しずつ割下を足す調理法。言うなれば照り焼きみたいな感覚で作ってください。煮詰まったら、お酒を入れたり、トマトを入れて。もし面倒なら、市販の割り下でも良いんです。とにかく焼き付けることを、ぜひ楽しんでくださいね。

切る↓焼く

夏野菜のすき焼き

材料｜3〜4人分

牛こま切れ肉……400g
なす、ズッキーニ……各1本
とうもろこし……1本
オクラ……5〜6本
ピーマン……3個
トマト……1個
砂糖……大さじ1
しょうゆ……大さじ1と1/2
酒……適量
油……大さじ1
卵……3〜4個

作り方

1 なすは縦6等分に切る。ズッキーニは長さを半分に切り、縦6等分に切る。とうもろこしは長さ3等分に切り、縦4等分に切る。オクラはガクをピーラーで削り（*a*）、面取りする（*b*）。ピーマンはヘタから指を入れてヘタと種を抜き取り、おしりに十字の切れ目を入れる（*c*）。

2 フライパンに油を入れ、中火で熱する。*1*を入れ、焼き目をつける。野菜を端に寄せて牛肉を入れ、砂糖としょうゆを入れてからめる。煮詰まったら、6等分のくし形切りにしたトマトを加える。

3 器に卵を割り入れ、好みの火入れ加減で食べる。割下が煮詰まったら酒を大さじ1/2ずつ加えてのばす。味が薄くなったら、砂糖としょうゆを足しながら食べる。

メモ

野菜には味をつけず、肉に砂糖としょうゆで味付けをし、そこから味を広げていくイメージで。汁はタプタプにせずに、照り焼きのように煮詰まった状態にしておく。好みで山椒と一味唐辛子、カレーパウダーをかけて。

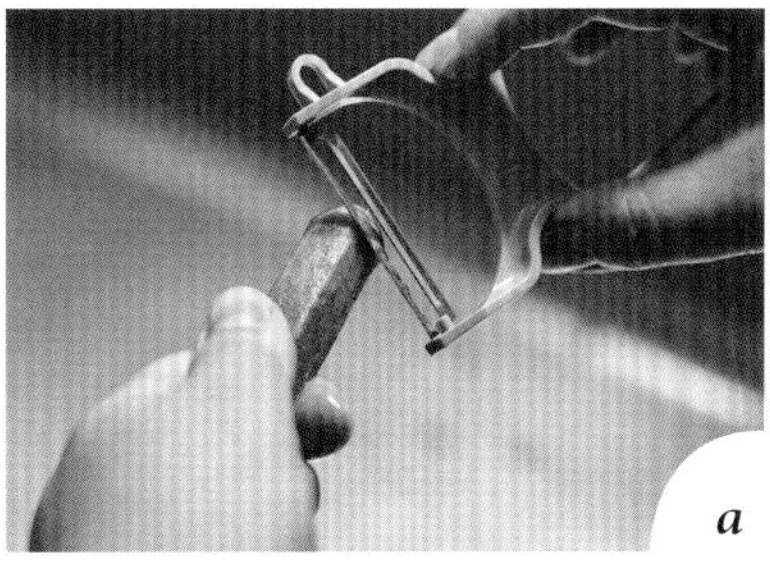
a

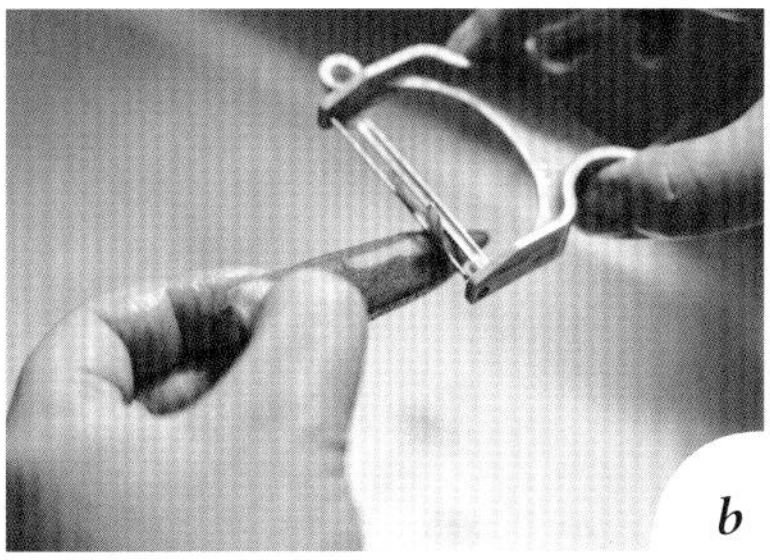
b

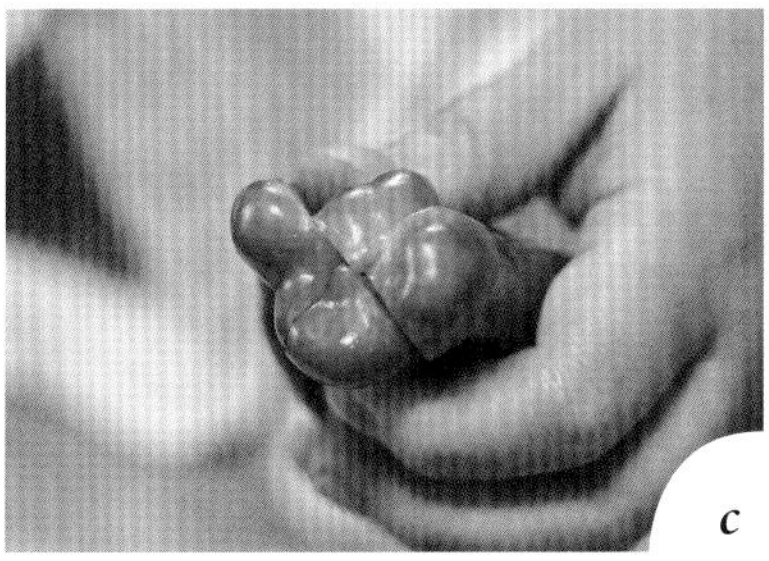
c

切る↓炒める

牛肉ときゅうりの実山椒炒め

食べた方が「これすごく美味しい！」といつも驚く一品。「そうなんですよね、美味しいんですよね……」とどこか他人事のように答えてしまいます。なぜならこのレシピは狙って作ったものではなかったから。

ある日の夜に、冷蔵庫の賞味期限ギリギリのもの同士を組み合わせたら、意図せず絶品おかずが誕生してしまったのです。

きゅうりをフライパンに入れて、放っておくくらいの気持ちで焼き付ける香ばしさもポイント。でも、それだって本当は、生で食べるには、ちょっとはばかられるなあ、と思ってしたことでした。だからいつも作りながら「やっぱり美味しい。不思議……」と思ってしまうのです。

実山椒はこのために買って欲しいくらい。調味料でなく材料といえるほど重要です！

材料｜3～4人分

牛切り落とし肉……200g
きゅうり……3本
にんにくのすりおろし……1かけ分
塩……小さじ1/2
オリーブオイル……小さじ2
実山椒のしょうゆ漬け、塩漬け、佃煮など……適量

作り方

1 きゅうりは1cm幅の斜め薄切りにして塩を振る。フライパンにオリーブオイルをひき、強めの中火で熱する。きゅうりを入れ、焼き目がつくまで焼く。

2 こんがりとしたら、にんにくを加えて弱火にし、にんにくのツンとした香りが消えるまで炒める。

3 牛肉を広げながら入れ、さっと炒め合わせる。器に盛り、実山椒をのせる。

ステーキ上手になるために

スーパーに行けば高いものからリーズナブルなものまで、様々なステーキ用のお肉が並んでいます。普段の私が買うのはお安めのもの。

　そしてお肉を選ぶときに重要なのは大きさより厚みです。同じグラム数ならば、厚みのあるものを。これは焼きすぎの失敗を防ぐためです。薄いとあっという間に火が入り、ウェルダンになってしまいます。

a

上手にステーキを焼く方法はよく聞かれますが、これはばかりは練習あるのみ。私もお肉が半額のときを見つけて、何度も焼いて習得しました。

分数の目安はありますが、いいあんばいに仕上げるためにはお肉をじっくり観察することに尽きると思います。香ばしい香りがして、お肉の上部に赤い肉汁が浮いたら、裏返しどき。フライパンに溢れた肉汁は旨みでもありますがアクや血も混ざっています。これを焼きながら丁寧にキッチンペーパーでふき取るのが私のやり方です。

焼けたかどうかは指で触って確認します。ステーキを指先で触って、生肉のようにむにゅうと指が入ったらレア、親指の付け根ほどのはね返してくる弾力があればミディアムレアです。

焼き上がったら、油切りバットの上にお肉を引き上げます。これは蒸れないようにするためです。すぐに切ったら肉汁が溢れるので、焼いた時間と同じくらいお肉を休ませましょう。

おすすめのお肉の切り方は斜めにそぎ切りすることです。繊維を断ち切り、食感がとても柔らかくなります。

もしもレアすぎたら切った状態でも熱々に温めたソースに入れて、軽く火を通せばいいですよ。逆に火を通しすぎていたら、薄く切ればほどよい歯応えになり食べやすくなるでしょう。

マッシュルームたっぷり「ウしポン」ソースはウスターソースと醤油とポン酢を使うから。この組み合わせがもう絶品！ただし注意点。ポン酢とウスターソースを入れてから強く煮立てると分離します。全ての調味料を馴染ませたら、ゆったり温めてください。お手頃なお肉でとっておきの一品ができますよ。

焼く↓ソースを作る

牛ステーキ　きのこと牛乳の「ウしポン」ソース

牛ステーキ

材料｜3〜4人分

牛ステーキ肉……2枚（150g×2）

塩……3g（肉の重量の約1%）

油……小さじ2

ソース

マッシュルーム……10個（約130g）

小麦粉……小さじ2

牛乳……150mℓ

バター……15g

A｜ウスターソース、しょうゆ、ポン酢……各小さじ2

パセリの葉（みじん切り）……少々

下準備

牛肉は調理の30分前に冷蔵庫から出し、室温に戻す。

作り方

1 フライパンに油をひいて中火にかけ、すぐに牛肉を入れる。ジュクジュクと音がしてきたら、火を少し弱め、塩の半量を全体に振る。水分が出たら、キッチンペーパーでふき取る。

2 肉の厚みの半分弱程度の色が変わったら裏返し（*a*）、残りの塩を全体に振る。触って、はね返すような弾力があれば、油切りバットに移す。

3 フライパンに残った肉汁をキッチンペーパーでふき取る。

4 マッシュルームは薄切りにして*3*のフライパンに入れる。バターを加えて中火にかけ、小麦粉をまんべんなくまぶし、しんなりとかさが半分になるまで炒めたら、牛乳を少しずつ入れ5分ほど絶えず混ぜながら煮立てる。*A*を加えて混ざったらすぐに火を止める。

5 器に*2*のステーキをそぎ切りにして盛り、*4*のソースをかける。仕上げにパセリをふる。

メモ

・きのこを変えると味わいが変わる。
・きのこなしでも作れるので、その場合は小麦粉を小さじ1に減らす。
・牛乳は沸騰しすぎると分離するので注意。

私は肉じゃが難民だったのですが（世の中にはあまりに肉じゃがのレシピが多いから！）この肉じゃがは間違いない美味しさです。

ひき肉を使うからお野菜ともとっても馴染み、全てが渾然一体に。そこに控えめなしらたきの歯触りがいいんです。

この材料の秘密は友人のおうちのレシピ。おすそわけしてもらったときにあまりに美味しくてお皿を抱えて食べたほどでした。

2日目はカレー粉を入れたり、コロッケにしたり、オムレツもおすすめです。

切る↓炒める↓煮る

無水肉じゃが

材料｜4人分

合いびき肉……150g
じゃがいも（メークイン）……小3個（約300g）
にんじん……1本（約150g）
玉ねぎ……1個（150g）
しらたき（アク抜き済みのもの）……180g
砂糖……大さじ1
A｜酒、しょうゆ……各大さじ4
　｜みりん……大さじ2
油……小さじ1/2

作り方

1 じゃがいもは小さめの乱切りにする。にんじんは皮つきのままいちょう切りに、玉ねぎは半分を薄切り、半分を6等分のくし形切りにする。しらたきは食べやすい長さに切る。

2 フライパンに油を弱めの中火で熱し、ひき肉を入れる。あまり触らずに焼き付け、焼き目がついたらざっくり裏返す。*1*のしらたきを加え、焦げ目をこそげて、肉の脂をからめ、じっくり水分を飛ばすように炒める。

3 *1*のにんじんを加え、色が鮮やかになったら玉ねぎを加えて炒め合わせる。全体に脂が回ったら、じゃがいもを加え、砂糖を入れてひと混ぜする。*A*を加えてさっと混ぜ、蓋をする。

4 蓋から蒸気が出てきたら弱火にし、15分煮る。じゃがいもに火が通ったら蓋を取り、強めの中火で汁気を飛ばす。

メモ

玉ねぎは薄切りとくし形切りを使い、半分はとろける美味しさに、もう半分は具材として味わう。

笑っちゃうくらい巨大な肉団子。もうハンバーグといってもいいのだけど、このゴツゴツした感じはちょっとお団子っぽい。驚かせたい気持ちからあえて「肉団子」と言わせてください。

　この肉団子のタネがちょっと良いんです。作るのもとってもらくちん、それでいてお肉らしさとしっとりのバランスもとれています。

　どちらかというと、私はばさっとしたくらい、そっけないお肉の味しかしないハンバーグや肉団子が好きなのですが、あまりに無骨なのでもっと食べやすくなるように調整しました。ヨーグルトと一緒に食べるとより濃厚でさっぱり。どこかの国のお料理のようなエキゾチックな一品です。

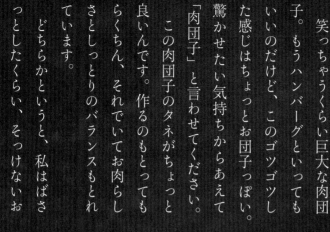

なすと大きな肉団子のトマト煮

切る↓成型する↓焼く↓煮る

材料｜3～4人分

合いびき肉……500g
塩……5g（肉の重量の約1%）
玉ねぎ……1/4個（50g）
A 卵……2個
パン粉……大さじ4
ナツメグパウダー……3振り
なす……1本
トマトピューレ……大さじ6
オリーブオイル……大さじ1/2

ソース

ギリシャヨーグルト……100g
ミントの葉（みじん切り）……7枚分
塩……ひとつまみ
にんにくのすりおろし
……ごく少量（1/5かけ分程度）

作り方

1 玉ねぎはすりおろす。*A*と共にボウルに入れ、へらでよく混ぜ、ひき肉と塩を入れて馴染む程度に混ぜる。6等分にして表面が滑らかになるよう、手に油（分量外）をつけて丸く成形する。

2 フライパンにオリーブオイルを中火で熱する。*1*を入れ、両面がこんがり焼けたら、余分なオリーブオイルをキッチンペーパーでふき取る。

3 なすを乱切りにして*2*に加え、さっと両面を焼く。トマトピューレを加えて蓋をし、弱火で7分煮る。

4 ソースの材料を混ぜ合わせて*3*に添える。

メモ

表面が滑らかに成形されることで、ひび割れを防ぐ。ひき肉を混ぜる際は馴染む程度で。肉ダネを1時間冷蔵すると成形しやすい。

これは1人のときによく作るハンバーガー。スーパーで売っているマフィンで作ったら、簡単でなおかつ絶品なのです。

私はいっときグルメバーガーといわれる類いのお店が大好きでよく食べに行っていました。しかし、おうちでこうやって作るようになって、このハンバーガーもけっこう負けてはいないんじゃないかしら……と食べるたびに思います。パティなんて、混ぜて焼くだけなんだから本当に気軽。ひとつのフライパンで全部焼いちゃいましょう。

リッチなハンバーガー

切る↓成型する↓焼く

材料｜1人分

パティ

- 牛ひき肉（赤身）……150g
- 塩……1.5g（肉の重量の約1%）
- こしょう……少々
- ナツメグパウダー……3振り

チェダーチーズ……1枚
赤玉ねぎ（1cm厚さの輪切り）……1枚
トマト（1cm厚さの輪切り）……1枚
レタス……1枚
イングリッシュマフィン……1個
オリーブオイル……大さじ1/2

a

作り方

1 パティの材料をボウルに入れてへらで混ぜ、丸く成形する。フライパンにオリーブオイルをひき、弱めの中火にかける。すぐにパティを入れ、5分ほど焼いて焦げ目がついたら裏返し、チェダーチーズをのせる。空いたところに赤玉ねぎを入れる。

2 フライパンの肉汁をキッチンペーパーでふき取る。空いたところに厚さを半分に切ったイングリッシュマフィンを断面を下にして入れ（*a*）、焼き目がついたら取り出す。赤玉ねぎも両面に焼き目がついたら取り出す。

3 チーズがとろりと溶けたら、パティを取り出す。

4 **2**のイングリッシュマフィンに赤玉ねぎ、トマト、レタス、**3**のハンバーグをはさむ。

メモ

好みでマヨネーズ、マスタード、ケチャップを添えて。

私の夫は本当に麻婆豆腐が大好きで、何食べたい？　と聞くといつも「……恥ずかしながら麻婆豆腐です」と答えます。ただ、家の食事だと子どもたちがいるのにそんなに攻めた麻婆豆腐は作れません。

　いつだったか中華料理屋さんで麻婆豆腐を夫が注文した時に、「お好みでどうぞ」と豆板醤と花椒を別皿で出されました。

　それを見たときにできたのがこの麻婆豆腐のレシピ。そうだ、確かに辛い調味料はあとから加えれば良いのでした。紹興酒のおかげで味わいも本格的。大人は思う存分、自分の分だけ辛くしてください。

　これに、白子や牡蠣を入れるのも美味しいんですよ。その話はまた今度。

切る↓炒める↓煮る

みんなの麻婆豆腐

材料｜3～4人分

合いびき肉……100g
豆腐……1丁（約300g）
長ねぎ……1本
にんにく……2かけ
しょうが……1/4かけ（5g）
A｜オイスターソース、紹興酒、しょうゆ……各大さじ1

水溶き片栗粉

片栗粉小さじ1＋水小さじ3

油……大さじ1
ラー油、花椒、一味唐辛子（好みで）……各適量

a

作り方

1 豆腐は厚さを半分に切ってから2cm角に切る。皿の上にキッチンペーパーをのせて重ならないように並べ、水気をきる（*a*）。

2 長ねぎ、にんにく、しょうがはみじん切りにして、フライパンに入れる。油を加えて混ぜ、弱めの中火にかける。透明になりジュクジュクと音がしたら、フライパンの中央を空け、ひき肉を入れてへらで切るように広げる。焼き付けるように、ポロポロになるまでほぐし炒める。

3 一度火を止め、ひき肉に*A*を加える。弱めの中火にかけて炒め、上に豆腐をのせる。豆腐に味を染み込ませるように、蓋をして2分煮る。

4 水200mℓ（分量外）を加え、蓋をせずに中火で5分煮る。豆腐を端に寄せて火を止める。混ぜ合わせた水溶き片栗粉を少しずつ加えてよく混ぜ、フライパンを揺らしながら、へらでやさしく全体を混ぜる。器に盛り、ラー油や花椒、一味唐辛子を添える。

メモ

・豆腐は木綿でも絹でもお好みのもので。
・辛みはあとで足すので、大人も子どもも一緒に楽しめる。

何年か前、結婚したばかりのAちゃんから電話がかかってきました。「まみちゃん、サバ味噌ってどうやって作るん?」。話を聞くと、今もう目の前に切り身があって、どう調理しようか逡巡していたとのこと。ひと通り教えたあと「Aちゃん、サバ味噌好きやったっけ?」と言うと、「いやー、サバ味噌って作れたらできる感じやん?」。

わかる、わかる! とそのとき、思いました。こういう定番の家庭料理って作ってみたいし、味を知ってるからこそ成功したい。

さて、このレシピ。梅干しが入るためさっぱり、にんにくが入ることでこってり。ちょっと変わり種です。白いごはんがとっても進むのでご準備を。

切る↓煮る

サバとピーマンのこってり味噌煮

作り方

1 サバは洗って水気をふき取り、皮に十字の切れ目を入れる。ピーマンはヘタから指を入れてヘタと種を抜き取り、おしりに十字の切れ目を入れる。

2 フライパンに混ぜ合わせた*A*を入れ、梅干しをちぎりながら加えて味見をし、各調味料で味を調え、にんにくを加える。

3 *1*のサバを*2*に加え、酒を回しかける。ピーマンを加えて弱めの中火にかけ、一度沸かす。蓋をして弱火に切り替え、時おり煮汁をかけながら(*a*)10分煮る。火を止め、蓋をしたまま10分ほど余熱で火を通す。

a

材料｜3〜4人分

サバの切り身(半身を半分に切ったもの)……3切れ

ピーマン……3個

A｜はちみつ、味噌、みりん……各大さじ3

梅干し……1個

にんにくのすりおろし……1/2かけ分

酒……50mℓ

このサワラの豆腐蒸し、本当に絶品。ちょっとびっくりするほど美味しい。高級中華料理のお味です。

最初は具材を並べたお皿をフライパンで直接蒸していました。いわゆる「地獄蒸し」という方法です。しかし、いかんせん器を取り出すときに火傷しそうになります。今度は直接フライパンに具材をのせて蒸してみましたが、お豆腐がいつの間にか焦げてしまいます。これはこれで美味しいのだけど趣旨が変わってきました。

そして辿り着いたのがクッキングシートを使って蒸す方法。これだとそっとお皿に滑らすように盛り付けができます。完璧！

そして、そのあと水気をふいたフライパンで、煙が出るほどの熱々の油を熱して最後にじゅっとかけるとできあがり。一連の流れも気持ちがいいのです。

切る↓蒸す↓かける

サワラと豆腐の絶品蒸し

材料｜3～4人分

サワラの切り身……3切れ
片栗粉……小さじ1
絹ごし豆腐……1丁（300g）
A
- しょうがのみじん切り……1/2かけ分（10g）
- にんにくのみじん切り……1かけ分
- 味噌……大さじ3
- 砂糖、ごま油……各大さじ1

青ねぎ……適量
油……大さじ2

作り方

1 豆腐は厚さを半分に切り、それぞれ4等分に切る。ペーパータオルで水気をふく。サワラは大きい骨を取り、薄く片栗粉をまぶす。**A**を混ぜて味噌だれを作る。

2 クッキングシートを30cm程度の長さに切る。四隅をねじって箱型にしてフライパンに入れる。水切りした豆腐を並べ、その上に**1**のサワラをのせ（*a*）、**1**の味噌だれを丁寧に表面にぬる。

3 水100mℓ（分量外）を鍋肌にそっと注ぐ。蓋をして強火にかけ、12分蒸す。取り出して、皿に滑らすように盛り付ける。青ねぎを小口切りにしてのせる。

4 フライパンの水気をふき、油を中火で煙が出るまで熱し、**3**の青ねぎの上にかける（*b*）。

a

b

メモ

・ブリなどほかの魚を使う場合、うろこがあるようなら取り除いて使う。
・**3**で水が蒸発してなくなったら、50mℓを足す。

切る↓煮る

ブリのアクアパッツァ風スープ

アクアパッツァという素敵なレシピ名にもかかわらず、がつがつとごはんにかけて食べたくなる魔性のスープです。

でも実はこれって、お鍋の材料の残りからできたお料理。白菜とおねぎがたっぷりあるし、昨日のブリも残ってる。そんな具合でにんにくとオリーブオイルを合わせたら、とびきり美味しいスープが誕生しました。

ほんのりとした酸味がさらに食欲をそそります。やさしいのにパンチがあって、食べたあとは元気が出ますよ。

材料｜3～4人分

ブリの切り身……3切れ
白菜……3枚（150g）
長ねぎ……1本
ミニトマト……10個
にんにくのすりおろし……2かけ分
オリーブオイル……大さじ1
A
グリーンオリーブ（種を抜いたもの）……10粒
ケッパー……小さじ1
昆布……5cm長さ1枚
塩……小さじ1
水……800mℓ
酒……大さじ2
パセリの葉（みじん切り）……小さじ1

作り方

1 ブリは洗って水気をふく。大きな骨、うろこがあれば取り除き、それぞれ3等分に切る。白菜は6cm長さに切り、繊維に沿って細切りにする。長ねぎは小さめの乱切りに、ミニトマトは半分に切る。

2 フライパンににんにくとオリーブオイルを入れ、弱火にかける。にんにくの香りがたったら*1*の野菜と**A**を加え、蓋をして弱めの中火で10分煮る。

3 酒と*1*のブリを加え、蓋をして3分煮る。仕上げにパセリを散らす。

衣づけ↓揚げ焼き

肉厚サバフライ

「肉厚なアジフライ」。そう聞くと、たまらなく食べたくなりませんか? ならば、「サバフライ」だってあっていいはず! もとより肉厚で、脂のりも抜群です。

　しかし、これがね、食べると意外と上品なお味。サバの臭みは油で抜け、カリカリ衣とほっくりふわふわの身のコントラストがたまりません。

　たっぷりおソースをかけて、白いごはんと一緒に頬張るのも大いに賛成です。いつものサバがご馳走に大変身ですよ。

材料｜3～4人分

サバの切り身（半身を半分に切ったもの）……3切れ

酒……大さじ2

塩……適量

小麦粉……大さじ2

溶き卵……1個分

パン粉……大さじ8

油……適量

レタス……3枚

カレーマヨネーズ

マヨネーズ……大さじ2

カレー粉……小さじ1/2

レモン、中濃ソース、マヨネーズ（好みで）……各適量

作り方

1 サバは皮目に十字の切れ目を入れ、酒と軽めの塩を全体に振る。10分置いて水気をふき取り、目立つ小骨を取る。小麦粉→溶き卵→パン粉の順に衣をつける。

2 フライパンに1cm深さの油を入れ、中火にかける。すぐに*1*を入れ、きつね色になったら裏返し、両面こんがりと色よく揚げ焼きにする。

3 レタスをちぎって、*2*と共に器に盛り付ける。カレーマヨネーズの材料を混ぜ合わせ、好みでレモン、ソース、マヨネーズを添える。

メモ

衣に粉チーズやハーブを混ぜてもよい。

切る↓焼く↓のせる

じゃがいものガレット ディルヨーグルト

初めてこれを作ったとき、「美味しい……」と立ったままいくつも味見してしまったっけ。私の大好きなこのレシピ。カリカリねっとりとろとろ。いろんな食感も楽しめて、止まらない美味しさです。

じゃがいものガレットを、片手でつまめるほど小さく作って、おもてなしのときのフィンガーフードにしても洒落ています。といっても、当の私は多少大きくできてしまったって、いつも大きな口をあけてひと口で頬張ります。そのほうが味の重なりを感じられるから。

材料｜6個分

じゃがいも（メークイン）……3個（約300g）
塩……1g
片栗粉……小さじ2
スモークサーモン……3枚
オリーブオイル……大さじ2

ディルヨーグルト

ギリシャヨーグルト……50g
ディルの葉……2g
にんにくのすりおろし……ごく少量

作り方

1. じゃがいもは千切りにして塩を混ぜ、水気をしぼり、片栗粉をまぶす。6等分にし、それぞれ直径8cm程度の薄い丸形にする。
2. フライパンにオリーブオイルを弱めの中火で熱し、*1*をじっくりと焼く。焼き目がついたら裏返し、両面カリッと焼き上げて器に盛る。
3. ディルヨーグルトの材料を混ぜ合わせる。スモークサーモンをそれぞれ半分に切る。ガレットの上に等分に盛り付け、ディル（分量外）をちらす。

ディルヨーグルトについて

今回はディルを入れたけれど、加えるハーブによって味わいが変わる。ミントや大葉を混ぜても美味しい。トマトやフライ、カレーに添えるとライタ代わりになる。パプリカパウダーなどのスパイスを入れるのも楽しい。ギリシャヨーグルトは、生クリームの感覚で使える。水切りヨーグルトよりも手軽なので、ぜひ活用を。

切る↓炒める↓煮る

ツナ缶のカリフラワークリーム煮

子どもたちってすごい。できあがって、このおかずを食卓に置いていたら、いつのまにかクッキーにのせて食べている。そのあとは白いごはんにかけて、カレーだ！　って大喜び。

作るのも簡単だし、次の日はチーズをのせて焼くのも良いんです。

材料｜3～4人分

カリフラワー……180g
玉ねぎ……1/2個
ツナ缶（ノンオイル）……1個（70g）
バター……10g
カレー粉……小さじ1/2
塩……小さじ1/2
小麦粉……小さじ2
牛乳……240mℓ
パセリの葉……適量

作り方

1 カリフラワーの半分は小房に分け、半分は粗みじん切りにする。玉ねぎは薄切りにする。

2 フライパンにツナを入れ、弱めの中火でカリカリになるまで乾煎りする。バターと*1*、カレー粉、塩を加え、ひと混ぜして蓋をし、5分蒸し煮にする。

3 小麦粉を振り入れてよく炒め、粉っぽさがなくなったら牛乳を少しずつ、混ぜながら加える。器に盛ってパセリを振り、バゲットなどと共に食べる。

ゆでる↓煎る

高級サケフレーク

このサケフレークを食べると、これは高級和食屋さんの味だわ！　と思うのだけど、そんなところにサケフレークあるかしら……と我に返ります。瓶詰めにしておすそわけしたくなります。

材料｜作りやすい分量

塩ザケの切り身（甘塩）……2切れ
酒……大さじ2
白煎りごま……小さじ1/2
しょうゆ……適量

作り方

1 フライパンに湯（分量外）を沸かし、サケを5分ゆでる。サケを取り出し、骨と皮を取り除く。臭みがあれば血合いも取り除く。

2 洗って水気をふいたフライパンに*1*を戻し入れ、中火で水気を飛ばすように乾煎りする。

3 酒、白煎りごまを加え、味が薄ければしょうゆで味を調える。さらに水分を飛ばし、火を止めて冷ます。

ポイント

よく水分を飛ばせば、冷蔵で1週間保存可能。好みで仕上げに青のりを振ってもよい。

私の時短、節約料理

「節約」「時短」「簡単」。私が仕事でよく依頼されるのは、このキーワードが入っているレシピです。その度に、そうですよね……といつも思います。

　私自身、家庭の守り人。無駄な出費は避けたいですし、忙しいときのお料理には悩みます。しかし、どんなときでも一番大切にしたいのは「美味しいご飯を作る」ことです。

　では、時短や節約レシピだと「美味しさ」をあきらめなくてはならないのでしょうか？いいえ、そんなことはありません。

　時間をかけなくても、余分にお金をかけなくても、美味しいごはんはもちろん作れます。

　急いで家に帰ってバタバタしている時は、たいてい心にも余裕がありません。早くごはんを作らないと！　と焦ってしまいますよね。私が火傷や包丁でケガをするときもこんなとき。食材を焦がしてしまうのもそうです。一番良くないことは、そもそも時間をかけるから美味しくなるメニューを、「時短」と称して作ることだと気づきました。さっと作るからこそ美味しいお料理はいくらでもあるのですから、そちらを選べばよかったのです。

　さて、そんな失敗を重ねて考えたお料理が、18ページの「ゆで豚と温野菜、スープ」です。私が気力も時間もないときは、とりあえず、フライパンにお湯を沸騰させます。焦がすより、ゆですぎるほうがまだ傷が浅いんです。

　今回は豚こま肉でご紹介していますが、鶏

肉でも大丈夫。もも肉であれば先に切っておくと良いですよ。購入する時に、唐揚げ用を使うとまさしく時短にも繋がりますね。むね肉を使いたい場合は、塊を半分に切り、弱火で15分ほどゆでてアルミホイルで巻き、余熱で火を通すと良いでしょう。スライスしてまだ火の通りが甘かったら、さっと湯通しすれば問題ありません。

お野菜は大体のものが使えます。キャベツやレタスは通年あって使いやすいですが、私のおすすめは旬のお野菜を使うこと。その時期のお野菜は安いですし、さっとゆでただけでもとびきり美味しく感じられます。

春なら、薄くスライスしたアスパラ、菜の花なんか、いかにも旬で嬉しくなりますね。

淡い緑が食卓を彩ってくれるでしょう。夏なら、オクラやズッキーニ。ピーマン、ミニトマトをさっと湯がいても新鮮な美味しさです。

秋冬は根菜を薄く切って。れんこんをうすーく輪切りにしたり、大根やにんじんをピーラーでリボン状にしても。

お肉の種類を変えること、そして旬のお野菜を使うだけで、ひとつのレシピからいくつものお料理が生まれます。

今回はごまだれを紹介していますが、冷蔵庫で眠っているいろんなたれをここぞとばかりに利用するのも一つの手です。食べる人の好みで味付けをするのも一興ではないでしょうか。食卓での会話も生まれ、楽しい時間になるはずですよ。

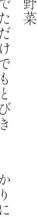

テーブルを演出する野菜の名脇役

メイン料理も大切だけど、
副菜が美味しいと
その日の食卓はもっと輝く。
（お野菜やお豆腐類を使った
洒落たひと皿はヘルシーな
おつまみにもぴったりです。）

切る↓蒸す

にんじんのホットラペ

私のレシピに「にんじんトマト」という、シンプルなおかずがあるのですが、これはにんじんにレモン。この組み合わせもなかなか。にんじんのフルーティさが際立ちます。

ノンオイルなのは、澄み渡った綺麗な味を濁したくなかったから。

材料｜作りやすい分量

にんじん……1本（約150g）
塩……ひとつまみ
レモン……1/4個

作り方

1 にんじんは5〜6㎝長さの細切りにする。

2 フライパンに*1*を入れ、塩を加えてさっと混ぜ、蓋をして弱めの中火で5分蒸す。仕上げにレモンを搾る。

炒める↓のせる

グリーンピースミントバター

某ファミリーレストランの、あれ。

いつもメニューで見つけるやいなや、条件反射のようにオーダーしてしまいます。

ある日、ふと思い立って家でも作ってみたら、あらできちゃった。朝ごはんに出すと子どもたちも飛びついて食べること！

ぷちぷちと弾ける青豆に、ねっとり塩味の生ハム。パルミジャーノをたっぷり。間違いないですよね。

材料｜3～4人分

グリーンピース（冷凍）……100g
バター……5g
塩……ひとつまみ
パルメザンチーズ……2g
生ハム……1/2枚
ミントの葉……5枚
レモン……1/4個

作り方

1 フライパンにバターを入れ、弱めの中火にかける。溶けたらグリーンピースを入れ、塩を振ってさっと炒める。

2 *1*を器に入れ、パルメザンチーズをかけ、生ハムとミントをちぎりながらのせ、レモンを搾る。

メモ

生ハムとチーズはお好みの量で。ベーコンやパンツェッタでも美味しい。

直径20センチ

煎る↓切る↓焼く

バナナ モッツァレラ ルッコラ

季節の果物をチーズと合わせるのが好きなのですが、いつもあるからこそ忘れていたバナナの存在。

フライパンでカリッと焼いたバナナ、コリアンダーシードと白ごま、とろとろカリカリのコントラストがたまらない。そこに滑らかでミルキーなモッツァレラがからんだら、色気の薫るひと皿に。

ワインや日本酒にも合いそうでしょう？

材料｜2人分

バナナ……1本
コリアンダーシード……小さじ2
白煎りごま……小さじ1
メープルシロップ……小さじ1
ルッコラ……適量
モッツァレラチーズ……1個（100g）
レモン……1/8個
塩……適量
オリーブオイル……適量

作り方

1 コリアンダーシードは包丁の腹などでつぶす。ごまと共にフライパンに入れて弱火で乾煎りし、パチッと音がしたらすぐに火を止め、小皿に移す。

2 フライパンにオリーブオイル小さじ1を中火で熱する。1㎝厚さに切ったバナナを入れ、こんがりするまで両面を焼き、メープルシロップを加える。煮立ったら裏返し、火を止める。

3 ルッコラとモッツァレラをちぎって器に盛り、レモンを搾る。オリーブオイル適量を回しかけ、全体に塩を振る。*2*をのせ、*1*をかける。

切る↓焼く

香ばしきゅうりのじっくり焼き

夏はとりあえず大袋に入ったきゅうりを、なくなっては買っています。何日か経ってしまってしょんぼりしてしまったものを、じっくりにんにくと焼いて青ねぎの小口切りと和えてみたら、なんとまあ美味しいこと！

にんにくの香ばしい風味、青ねぎの強い香り、そしてそれらをまとうきゅうりのジューシーさ。おつまみにもおかずにも、水分が飛ぶのでお弁当にもぴったりです。

材料｜2人分

きゅうり……2本
にんにく……2かけ
青ねぎ……2本
塩……小さじ1/4
油……大さじ1

作り方

1 きゅうりは縞目に皮をむき、ひと口大に切る。にんにくは薄切りにする。青ねぎは小口切りにする。フライパンに油ときゅうりとにんにくを入れ、混ぜながら、中火でじっくりと焼き付ける。

2 塩を振り、きゅうりに焦げ目がついたところで、青ねぎを加えてひと混ぜする。

切る↓蒸し煮

トロなすジューシー

油をたっぷり使ったなすの揚げ浸しはとっても美味しい。それはわかっているんです。でも、やはり、いや、しかし。もう少し健康に気を使った美味しい食べ方、考えたい。

あるとき、この方法で作ったら揚げ浸しに負けないこっくり感！　見た目は渋くなっちゃいますが、このレシピを知っておくとなすをいくらでも食べられます。

材料｜2人分

なす……2本（約200g）

A
- しょうゆ……大さじ1
- みりん、オリーブオイル……各大さじ1/2

作り方

1. なすは乱切りにし、フライパンに入れる。**A**を加えてよく混ぜ、皮を下にして並べ直す。
2. 蓋をして中火で3分蒸し、裏返してさらに2分蒸す。蓋をあけて水分を飛ばす。

切る↓炒める

ごぼうののりきんぴら

その昔、Mバーガーで食べた「きんぴらライスバーガー」。きんぴらなんて、別に、と思って過ごしていた、子どもの私には衝撃の美味しさでした。しゃきしゃきのごぼうとにんじんにのりとベーコン。今でも思い出しては、このきんぴらで心を満たしています。一味をたっぷりかけても美味しいですよ。

材料｜2人分

ごぼう……1/2本（約70g）
のり（全形）……1/2枚
A 酒……大さじ1
みりん……大さじ1
しょうゆ……大さじ1/2
ごま油……大さじ1/2

作り方

1 ごぼうはささがきにし、のりはちぎる。

2 フライパンにごま油をひき、1を中火で炒める。Aを上から順に加え、つど混ぜながら水気がなくなるまで炒める。

アレンジ

焼いたベーコンを添えて丼にしても美味しい。

焼く↓巻く

こんがり菜の花生ハム巻き

私の一番好きな菜の花の食べ方は、たっぷりのオリーブオイルでじっくり焼くこと。そうすると葉っぱの部分はサクサクに。菜の花自体の旨みはぎゅっと凝縮されます。

ねっとりとした生ハムに巻いてぱくりと口に放り込むと、春の香りがぱっと広がります。

材料｜2人分

菜の花……8本

生ハム……2枚

オリーブオイル……大さじ1

レモン……1/8個

作り方

1 菜の花は根元を切り落とし、フライパンにオリーブオイルをひいて並べる。弱火にかけ、花の部分を時おり菜箸で押さえながら、5分ほど両面をこんがりと焼く。

2 生ハムはそれぞれ4等分に切る。

3 葉がパリッとして焦げ目がついたら、それぞれ生ハムを巻く。食べるときにレモンを搾る。

メモ

菜の花は、焼く前にきちんと水気をふき取る。しっかり焦がすと甘みと風味が出る。菜の花の熱で、生ハムがとろんとした食感に。

切る↓ゆでる

モロヘイヤとオクラのおひたし

ある夏、二日に一度は食卓に上がっていた、このおひたし。ゆでただけで、こんなにクセになるものかしら？　と思うほど。モロヘイヤとオクラを見かけては作っていました。

どちらもぬるっとしたお野菜だけれど、食感は違いそれも飽きない要因です。モロヘイヤの茎は繊維質で硬かったりするので葉の部分だけを使うのが無難だけれど、たまに美味しい茎に巡り合うんです。

材料｜3～4人分

モロヘイヤ……1袋（100g）
オクラ……6本
塩……小さじ1
しょうゆ、ポン酢
……各小さじ1/2

作り方

1 モロヘイヤは食べやすい長さに切る。オクラはガクをピーラーで削り、3等分の斜め切りにする。フライパンに水500mlを入れ、塩を入れる。中火にかけ、沸騰したら、モロヘイヤとオクラを入れる。

2 好みの食感になるまでゆでたらざるにあげ、しょうゆとポン酢をさっと和える。

メモ

・塩水でゆでることで味がすでに入っているので、仕上げの調味料は風味づけ程度に。
・オクラのサクサク感は斜め切りにするのがポイント。

切る↓ゆでる

アスパラ さっとゆでで オリーブじょうゆ

アスパラの瑞々しさを感じたくて、この薄切りをよくします。
　お野菜も切り方を変えるだけで、まるで違うもののように味わいが変化するからお料理って面白い。
　ちゅるんとアスパラを口に入れると、オリーブオイルのコクを感じ、噛みしめるごとにアスパラのエキスが口の中に溢れます。

材料｜2人分

アスパラガス……6本
塩……小さじ1/2
オリーブオイル、しょうゆ……各適量

作り方

1　アスパラガスは根元の皮をピーラーで薄くむき、斜め薄切りにする。

2　フライパンに*1*とひたひたの水300mℓを入れ、塩を加える。中火にかけ、沸騰したらすぐにアスパラガスをざるにあげて水気をよくきる。

3　*2*を器に盛り、オリーブオイルをひと回し、しょうゆをひと回しする。

メモ

・斜めに長く薄切りにすることで、アスパラガスのシャキシャキ感が残る。
・オリーブオイルを先にかけることで水分を閉じ込め、瑞々しさが味わえる。

直径20センチ

ちぎる→炒める

1分レタスのオイスターソース

ひと玉食べきれないんです、とよく聞くレタス。そんなときはさっと火を通しましょう。小さくなって、しゃきしゃきのまま、瑞々しい。

かんかんに油を熱してさっと炒めると本格的な中華のお味になります。オイスターソースをちょろりとかけるだけで立派な一品です。

材料｜2人分

レタス……大2枚
油……小さじ1/2
A｜オイスターソース……小さじ1
　しょうゆ……小さじ1/2

作り方

1 レタスは洗って、キッチンペーパーで水気をふく。1枚を3〜4等分にちぎる。Aを混ぜ、たれを作っておく。

2 フライパンに油を入れて強火にかけ、煙が出るほどに熱したら、1のレタスを入れ、すぐに蓋をして1分加熱する。

3 2を器に盛り、たれをかける。

切る↓焼く

おにちーきつね

本当は油揚げに玉ねぎを詰めようとしたら面倒になってしまい、できたのがこのレシピ。もうのせるだけで美味しいんじゃないかと思ったら大正解。

カリカリに焼いたお揚げにしゃきしゃきのほんのり甘い玉ねぎ。チーズが全体をとろりとまとめて、噛むほどに美味しいボリュームおかずです。

材料｜2人分

油揚げ……2枚
玉ねぎ……1/2個
塩……2つまみ
シュレッドチーズ……大さじ2

作り方

1 油揚げは半分に切る。玉ねぎは薄切りにする。

2 フライパンに*1*の油揚げを入れて中火にかけ、両面がカリッとするまで4分ほど素焼きする。

3 油揚げに*1*の玉ねぎをのせ、全体に塩を振ってチーズをのせる。蓋をして弱火でチーズが溶けるまで5分焼く。

メモ

好みでしょうゆ、ポン酢をかけて。粒マスタードとしょうゆの組み合わせもおすすめ。

切る↓ゆでる

ゆでねぎの酢漬け

何年か前にひたすら深谷ねぎのレシピを考えることがあり、そのときにできた、この酢漬け。「マリネ」って名乗りたいほど洒落た味だけど、オリーブオイルが入らないから「酢漬け」。でもコクがあって濃厚でさっぱりですいすい口に運んでしまいます。ちゅるんと食べると、おねぎの甘みにびっくり。玉ねぎにも負けません。

材料｜2人分

長ねぎ……2本
酢……小さじ2
塩……5〜6つまみ

作り方

1 長ねぎは5cm長さに切る。フライパンに長ねぎと、かぶるほどの水（分量外）を入れ、中火にかける。沸いたら5〜7分柔らかくなるまでゆでる。

2 菜箸でつまんで水気を落としながらバットに移し、熱いうちに酢と塩で和える。

メモ

・ゆで汁は長ねぎの旨みたっぷり。味噌汁やスープに。
・すぐ食べても冷やしても美味しい。

切る↓煮る

つるもち煮豆富

なんでだろう？　ってくらい簡単で美味しいおつまみ。ごはんの上にのせても美味しいんです。おでん屋さんでよく煮込まれたお豆腐のお丼がありますよね。そのイメージでこのお料理を作ってみました。

味の染みたお豆腐って、えも言えぬ幸せがありますよね。

材料｜2人分

絹豆腐……1丁（約300g）

A｜オイスターソース、しょうゆ……各大さじ1

粉山椒……適量

作り方

1 豆腐は厚さを半分に切り、それぞれ6等分に切る。

2 フライパンに*1*を入れ、かぶるほどの水（分量外）と*A*を加え、中火にかける。沸いたら弱めの中火で、水分がなくなるまで10分ほど煮詰める（途中で一度裏返す）。器に盛り、粉山椒を振る。

メモ

・木綿だとねっちりとした食感に。

切る→炒める

ズッキーニのナンプラー酢炒め

ズッキーニに火を通すと、甘く香ばしい匂い。そこに旨みの効いたナンプラーをじゅっとからめるとそれだけでご馳走に。お酢が全体の味を引きしめ、複雑で後を引く美味しさです。レモンや違う酸味だとまた表情が変わるのでいろいろ試してみて。とろり、さくさく、食感の違いも魅力のひとつです。

辛いのが大丈夫な方はブラックペッパーをたっぷり挽いてもいいですよ。

材料｜2人分

ズッキーニ……1本
オリーブオイル……小さじ2
ナンプラー……小さじ2
酢……小さじ1

メモ

酢の代わりにレモン汁を使っても美味しい。

作り方

1. ズッキーニは斜めに薄切りにしてから細切りにする。
2. フライパンにオリーブオイルをひき、*1*を入れて中火にかける。水気を飛ばすように時おり上下を大きく返す程度に、あまり触らず火を通す。
3. ナンプラー、酢を入れて少し焦げて甘い香りがしてきたら完成。

切る↓衣づけ↓揚げ焼き

ズッキーニのお茶フリット

日本茶は旨みの多い食材。茶葉をハーブのように使ってみたら、楽しいフリットができました。口の中いっぱいにさわやかな風味が広がります。

桜エビで旨みと香ばしさを加え、衣は柔らかくソフトな仕上がりに。ところどころカリッとします。忘れられた茶葉をここぞと使って。

材料｜2人分

ズッキーニ……1本
緑茶（茶葉）……小さじ1/2
桜エビ……小さじ1
A｜小麦粉、片栗粉……各小さじ3
水……小さじ4
油……大さじ2
塩……適量
レモン……適量

作り方

1 ズッキーニは長さを半分に切り、縦4等分に切って棒状にする。桜エビは指先でもんで細かくする。

2 ボウルに茶葉と桜エビ、*A*を入れて混ぜ、ズッキーニを入れてよく和える。少しずつ水を入れ、衣を全体にまぶすように混ぜる。

3 フライパンに油をひき、2を入れて中火にかける。全体がこんがりするまで揚げ焼きする。仕上げに塩を振り、レモンを添える。

メモ

・衣が足りないようなら、粉類は小さじ1ずつ、水はごく少量ずつ増やす。触りすぎると衣が取れやすい。
・揚げきるのが大切。急に焦げるので慎重に。

切る↓蒸し煮

ポテトマ

じゃがいもとトマト、にんにく。味付けはシンプルにお塩。それだけなのに素材の旨みと香りで、とっても華やかな味わいの一品ができあがります。
スペインバルの前菜にありそうなちょっと洒落たお味ですが、お弁当にも彩りを添える優秀レシピです。

材料｜2人分

じゃがいも……大1個（200g）
トマト……大1個（130g）
にんにく……1かけ
オリーブオイル……小さじ2
塩……小さじ1/4

作り方

1 じゃがいもは小さめの乱切り、トマトは角切りにする。にんにくはつぶす。フライパンに入れ、オリーブオイルをかけて塩を振る。蓋をして弱めの中火にかける。

2 5分経ったらひと混ぜし、水100㎖（分量外）を入れ、再び蓋をして中火で5分煮る。

3 蓋をあけて水気を飛ばし、じゃがいもが柔らかくなったら完成。じゃがいもが硬かったら、水を足して、水気が飛ぶまで熱する。

切る↓炒める↓かける

かぶのカリカリじゃこ和え

じゃこのカリカリした食感、ごま油の芳しい香り。かぶの純粋な味にからまって、さっぱりとしているのに後を引くひと皿です。

しゃきしゃきカリカリ、食感の楽しさも味わって。

材料｜2人分

かぶ……2個
ちりめんじゃこ……大さじ4（20g）
ごま油……大さじ2
塩……小さじ1/2

作り方

1 かぶは茎を1cm残して切り落とす。皮付きのまま薄いくし形切りにして、器に盛り、塩をかける。

2 フライパンにごま油を弱火で熱し、ちりめんじゃこを入れ、カリカリになるまで炒める。

3 1に熱々の2を油ごとかける。

切る↓蒸し煮

小松菜のじゅわっとオイル蒸し

イタリアの家庭料理のレシピを読んでいると、お野菜のオイル蒸しがよく紹介されています。それから私もお野菜がたっぷりあるときにはこの調理法をするようになりました。

濃い緑の味のするこの小松菜のオイル蒸しを、田舎パンにのせて食べるととても美味しいんです。チーズや生ハムと合わせたら、もうご馳走のできあがり。

材料｜2人分

小松菜……1束（200g）

A
- にんにくのすりおろし……1かけ分
- 塩……4つまみ
- オリーブオイル……大さじ1

桜エビ……大さじ1

作り方

1. 小松菜は5cm長さに切る。フライパンに*A*と共に入れ、蓋をする。弱めの中火にかけ、3分蒸し煮する（途中、大きく上下を返す）。
2. 桜エビを入れ、塩（分量外）で味を調える。にんにくが甘い香りになっていたら完成。

ゆでる↓和える

小松菜ののりナンプラー

のりは旨みを与える以外にも役割があり、もともと乾物なので小松菜の汁気を吸います。だからこの和えものは水っぽくならず、お弁当にもぴったりなんです。

小松菜の青い味もナンプラーのおかげで和らぎます。

材料｜2人分

小松菜……1/2束（120g）
ナンプラー……小さじ2
ごま油……小さじ1
のり（全形）……1/2枚

作り方

1 小松菜は5㎝長さに切る。フライパンに湯（分量外）を沸かし、1分ゆでる。

2 小松菜をざるにあげ、キッチンペーパーで水気を吸い取る。ボウルに移し、ナンプラーとごま油を加えて混ぜる。のりをちぎりながら加え、和える。

メモ

ナンプラーはメーカーによって塩分が異なるので味見しながら和えて。

切る↓炒める

エリンギの香り炒め

試した人はみんな感動する、とっても美味しいひと皿です。大葉のさわやかな香り、細く裂いたエリンギのしゃくしゃく食感に、濃厚な旨み。

シンプルなのに複雑な味わいに仕上がるのが不思議です。

材料｜2人分

エリンギ……1パック（約100g）

大葉……3枚

オリーブオイル……小さじ1

塩……2つまみ

作り方

1 エリンギは根元の硬い部分を切り落とす。根元に包丁で格子状に切り目を入れ、手で細く裂く。大葉はみじん切りにする。

2 フライパンにオリーブオイルを中火で熱する。*1*のエリンギを入れて塩を振り、しんなりするまで炒める。

3 *1*の大葉を加えて炒め合わせる。

切る↓炒める

れんこんのソテー

れんこんの甘みとパセリの相性が抜群。ちょっと和風なイメージのれんこんが、ワインの進むおつまみになります。

切り方を変えるだけで、れんこんの知らなかった表情と出会えます。

材料｜3～4人分

れんこん……300g

にんにくのすりおろし……1かけ分

パセリのみじん切り……20g

塩……小さじ1/2

オリーブオイル……大さじ1

作り方

1 れんこんは5cm長さの細切りにする。フライパンにオリーブオイルを中火で熱し、れんこんを入れ、裏返しながらこんがりと焼く。にんにくを加え、香りが甘くなるまで1～2分炒める。

2 パセリを加えてしんなりするまで炒め、塩で味を調える。

切る↓炒める

大根と桜エビの塩炒め

大根の水気を桜エビが吸い、桜エビの旨みを大根がまといます。さっと炒めるだけで、創作中華のお店で出てきそうな美味しさ。冷めても美味しいから常備菜にもぴったりです。

余ったら、お味噌汁やスープに入れるのもおすすめ。火が通っている上にお出汁も出るから、良いアイデアでしょう？

材料｜2人分

大根……1/4本（200g）
塩……小さじ1/2
にら……3本（30g）
桜エビ……大さじ1/2
油……大さじ1

作り方

1 大根は5㎝長さの千切りにし、塩をもみ込む。しばらく置いて、水気をよくしぼる。にらは小口切りにする。

2 フライパンに油をひき、にらを入れて中火にかける。色が変わったら、桜エビをちぎりながら加える。*1*の大根を加え、さっと炒める。

メモ

好みで酢とラー油をかけても。

直径26センチ

切る↓揚げ焼き

かまぼこバジル

揚げかまぼこという商品があるのだから、揚げてもいいわよね、と思って作ったら大正解。生のバジルを一緒に揚げるとさくさくで香りもよく、どこかエキゾチック。和のイメージのかまぼこが大変身です。

スイートチリソースや、レモンがよく合います。

材料｜2人分

かまぼこ……1個
バジルの葉……10枚
塩……適量
オリーブオイル……大さじ1と1/2
レモン……1/8個

作り方

1 かまぼこは1㎝厚さに切る。

2 フライパンにオリーブオイル、かまぼこ、バジルを入れて中火で熱し、かまぼこがきつね色に、バジルがパリッとするまで上下を返しながら揚げ焼きにする。

3 器に盛り、塩を振る。くし形切りにしたレモンを添える。

メモ

しょうがじょうゆをかけても。

切る↓衣づけ↓揚げ焼き

さくさくわかめのかき揚げ

味見をした人が「これいい!」と、もうひとつおかわりしちゃう、わかめのかき揚げ。さっと揚げるとむっちり、よく揚げるとカリカリ。お好きな食感を狙って揚げてください。成形は適当で大丈夫。丸くなくても味に変わりはありません。

おつまみにはもちろん、おそうめんのお供にさっと作ると喜ばれます。

材料｜7〜8個分

わかめ（刺身用）……80g
片栗粉、小麦粉……各大さじ1
水……大さじ1
油……大さじ2
レモン……1/8個

メモ

塩蔵は塩を洗い流し、よく戻す。乾燥わかめも戻して使用する。

作り方

1 わかめはざく切りにしてボウルに入れ、片栗粉と小麦粉を加えてさっと混ぜる。水を少しずつ加えて混ぜる。

2 フライパンに油をひく。わかめを1/7〜1/8量ずつフライパンに入れて、少し平らにする。強めの弱火にかけ、両面カリッとするまで揚げ焼きする。器に盛り、レモンを添える。

ブレたってズレたって失敗したって

先日、料理で失敗してしまいました。レシピは、食材を買ったお店で貰ったもの。お豆腐と、魚のつみれ揚げのようなお料理です。これは美味しそうだなあと思い、ふんふんと読みながら作っていたのですが、油に入れた途端、ばちばちとはねて、成形したタネがさーっと広がっていくではありませんか。

これはどうしたものか、とフライ返しでちょっとずつ寄せるように集めていくのだけど、どうにも散らばってしまう。仕方がなく、焦げる限界まで揚げきって、これはなんだろう？　と思うほど、薄く平べったい何かができあがりました。

これはだめだ、今からもう1品作らなきゃ……と途方に暮れるも、目の前のコンロは油まみれです。もういいや……汚れたついでに……、と冷凍庫にあったフライドポテトを揚げたら、子どもたちは大喜び。私の失敗なんて家族には関係ないものねえと、ふと気が抜けて笑ってしまいました。ついでに薄っぺらいつみれも、これはこれで案外イケる、と平らげてしまいました。

このことは、レシピって重要だなあと思う反面、私はレシピに頼りすぎていたかもと思うきっかけになった出来事でした。

タネを油に落としたときに広がってしまったのならば、粉を足せば良かったのです。思えばちょっとゆるい生地でした。レシピにブレが出るのは致し方ないことです。魚の重さだって個体差があり、お豆腐1丁は３００ｇのものがあれば、４００ｇのものだってあるのです。

私自身レシピを試作しているとき、とっても緊張しているんです。誰もが失敗しないように、つまずくところがないように。レシピを考案する人なら誰もが願うことです。いつも奥歯をくいしばって、背中はガチガチ。この方法でうまくいく、と確信できるまでは体がこわばっています。

その反面、レシピをご覧になったみなさんがどう作るかは、好きなようにしてください！　と私は思っています。だって、人それぞれ。いろんな都合がありますよね。

あ、入れすぎちゃった！　と、分量に揺らぎがあっても、焦がしてしまっても、失敗したって良いんです。お料理だけじゃないですよ、日々そんなことばかり。そうそう落ち込まずやりすごしていきましょうよ。

それに、失敗するからこそ上達するんです。結局は経験を重ねるのが一番。何度も何度も繰り返し、失敗の理由がわかってきたら、もうしめたものです。

小松菜をほうれん草に変えたって、アーモンドをカシューナッツに変えたって、それはそれで良いと思います。お塩をお砂糖に変えました！　と言われちゃったらびっくりしちゃいますけど！　それで楽しく召し上がられたのなら、何かしらお役に立てたのかなと思います。その日のお料理のアイデアになるだけで十分嬉しいです。

ちがう材料でも作っちゃおうと、美味しいものが作れる人、それって素晴らしいことです。

そして、それがそのおうちの味になっていく。楽しいレシピの使い方のひとつではないでしょうか。

さっと奏でて
喜びに浸る
ごはんもの

これだけで心も
お腹も満たされる、
考え抜いた一品で
フィナーレを飾ります

切る↓ゆでる↓和える

しらすと大葉のパスタ

1人暮らしを始めたときからずっと作り続けているこのパスタ。分量も大葉を1袋使い切ったり、しらすも1パック入れたり。食材の余りが出ないようにのことだけど、まずは美味しさに驚きます。唐辛子や柚子こしょうをびびっと効かせても。

材料｜1人分

しらす……50g
大葉……10枚
パスタ（8分ゆで）……100g
にんにくのすりおろし……1かけ分
赤唐辛子……1本
塩……適量
オリーブオイル……大さじ1
レモン、黒こしょう（好みで）……各適量

作り方

1 フライパンに湯800mℓ（分量外）を沸かし、塩小さじ1と1/2を入れる。パスタの端をフライパンのふちに押し付け、湯に全体が浸かるように曲げながら、ゆで始める（*a*）。袋の表示時間の3分前にざるにあげ、そのまま置いておく。

2 赤唐辛子は種を取り除く。大葉はみじん切りにする。

3 *1*のフライパンをさっとふき、オリーブオイルとにんにく、赤唐辛子を入れ、弱火にかける。香りがたったらしらすを加え、強火でさっと炒める。水200mℓ（分量外）と*1*のパスタを加え、強火で和えながらとろみをつける。塩ひとつまみ～2つまみで味を調え、大葉を加えてひと混ぜして器に盛る。

4 好みでレモンを搾り、こしょうを振る。

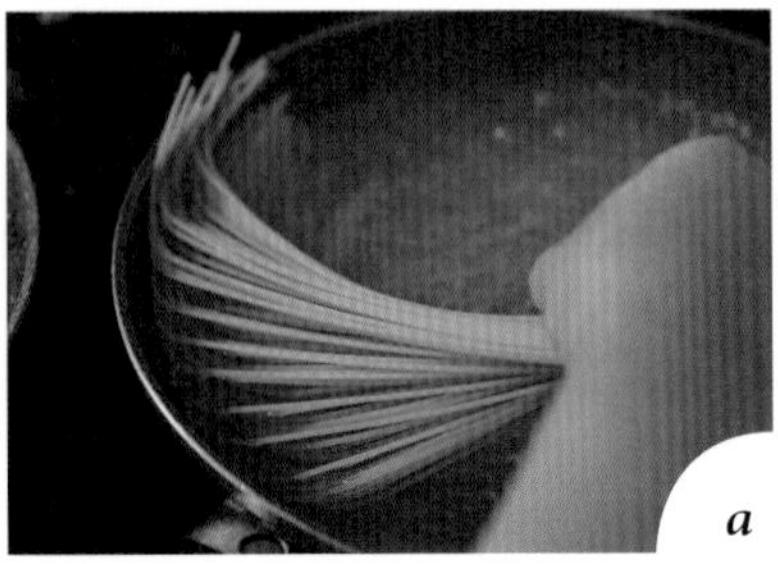

a

切る↓煮る

本格味のボロネーゼ

焼き付けたり、炒めたり、いろんな方法でボロネーゼを作ってきましたが、あれ？ これで良いんじゃない？ というのがこのレシピ。お肉もふんわり、甘みも控えめで濃厚なソースがまるでレストランみたい。

材料｜約1kg分

牛ひき肉……500g

きのこ（しめじやマッシュルームなど好きなもの）……好きなだけ（200g～）

にんにく……1かけ

トマトジュース……720mℓ

赤ワイン……50g

塩……小さじ1弱

作り方

1 きのこは石づきや根元を切り落とし、食べやすく切る（しめじはほぐす、マッシュルームは薄切りにするなど）。にんにくはつぶして、粗みじん切りにする。

2 材料をすべてフライパンに入れ、弱めの中火で20分煮る。強めの中火にし、水分を飛ばすように煮詰める。煮汁のはねが気になるなら、蓋を少しずらしてのせる。ひき肉がごろごろ見える状態までしっかり煮詰める。

メモ

- 冷蔵で1週間、冷凍で1か月ほど保存可。
- きのこは複数の種類を使うと旨みが増す。
- ローリエがある方は入れてみて。

ボロネーゼのパスタ

材料｜1人分

ボロネーゼ……200g

パスタ……100g

塩……小さじ1と1/2

つくり方

1 フライパンに湯800mℓ（分量外）を沸かし、塩を入れる。

2 パスタは端をフライパンのふちに押し付け、湯に全体が浸かるように曲げ入れ、袋の表示時間通りにゆでる。

3 2をざるにあげて器に盛り、ボロネーゼを和える。

神戸出身だからか、昔からタコには目がありません。タコとはまぐりとエビのお出汁だなんて罪なお味のパエリアでしょう?

パエリアの炊き方にもひと工夫。蓋をあけたり閉めたり、ちょっと忙しいのですが、お米をふっくら炊き上げる方法に辿り着きました。まるでサフランが入っているように香り高いお米料理です。

切る↓炒める↓炊く

タコと魚介の豪華なパエリア

材料｜3～4人分

有頭エビ（加熱用）……4尾

タコ……100g

はまぐり（砂抜き済みのもの）
……大3個

玉ねぎ……1/6個（40g）

にんにく……1かけ

米（洗わずに）……1合

白ワイン……大さじ1

オリーブオイル
……大さじ1

A 塩……小さじ1
ターメリックパウダー
……小さじ1/4

イタリアンパセリ
……3～4本

レモン……1/2個

作り方

1 エビはツノなどの尖った部位や長い脚、ヒゲ、尻尾の先端をはさみで切り落とす（*a,b,c*）。頭から2つめあたりの殻の間から竹串を刺し、背ワタを引っ張り出す（*d*）。タコは斜め薄切りにする。

2 玉ねぎとにんにくはみじん切りにする。フライパンにオリーブオイルと共に入れ、弱火で炒める。香りがたったら端に寄せ、空いた部分に**1**のエビを入れて火が通るまで両面焼く。

3 ボウルにざるを重ね、**2**を入れる（ボウルに落ちた汁はとっておく）。

4 フライパンに、はまぐりと白ワインを入れて蓋をし、中火にかける。はまぐりの口があいたら、**3**のざるに加える。ボウルに落ちた汁に水（分量外）を足して600mℓにし（*e*）、***A***を加えて混ぜる。

5 米をフライパンに入れ、**4**の汁を入れる。中火にかけ、ボコボコ沸いた状態で蓋なしで5分、弱火にしてさらに14分加熱する。

6 **4**のざるに残った具材とタコを**5**の米の上にバランスよく並べ、火を止めた状態で蓋をして10分蒸らす。

7 蓋をしたまま5分中火にかけ、ごはんに焦げ目をつける。蓋をあけ、水分が残っていたら蓋をせずに中火にかけ、水分を飛ばす。イタリアンパセリをのせ、くし形切りにしたレモンを添える。

a

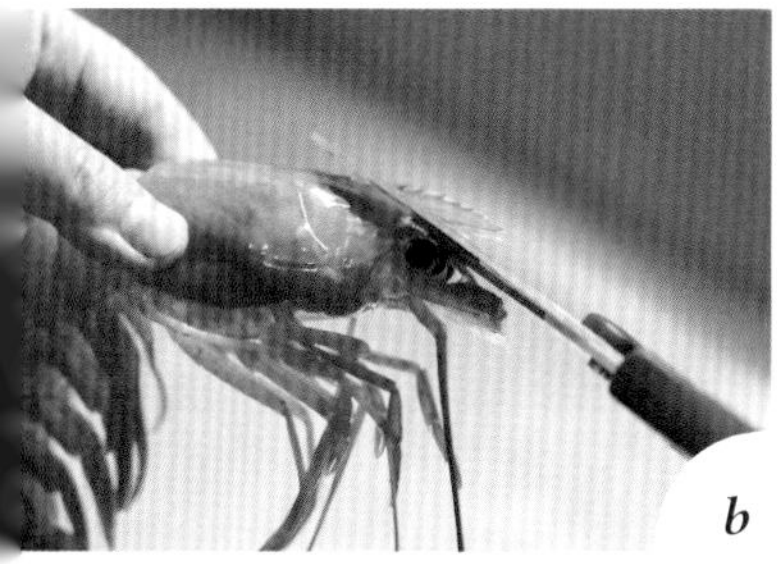

b

c

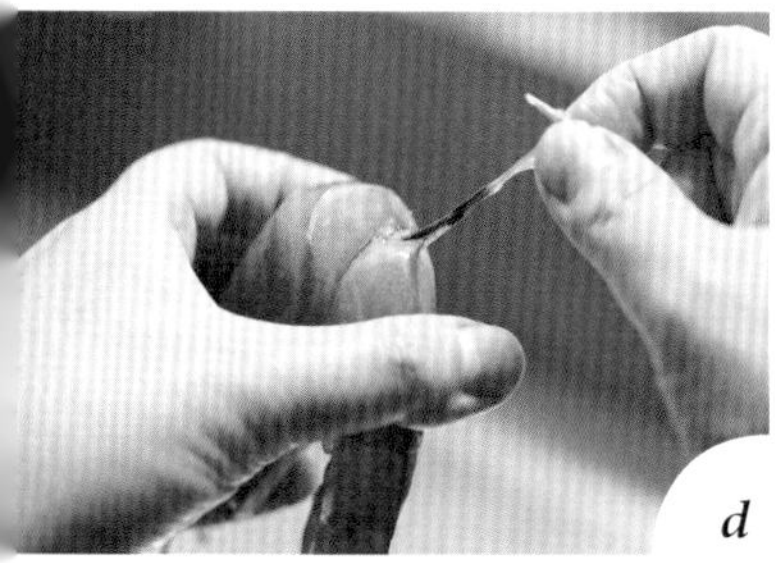

d

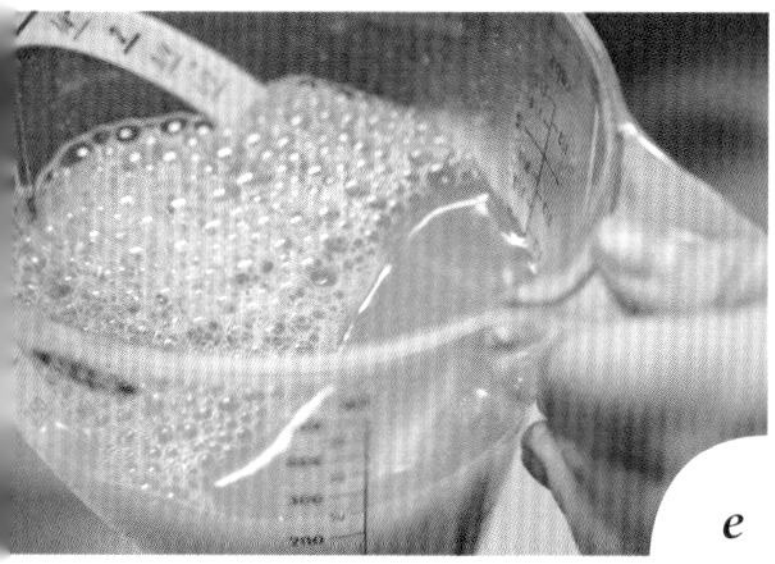

e

約5分カレー

煮る

このレシピができあがったときは思わず、安堵のため息が出たほど。スパイスカレーが家で、さっと作るにはどうすれば良いかと悩み、よくあるスパイスの黒こしょう、山椒、しょうがに行きつきました。

この3つ、辛みが大丈夫な方はたっぷり振ってみて。ごはんと合わさるとちょうど良いんです。カレー欲が満たされますよ。

材料｜1～2人分

A
- 鶏ももひき肉……100g
- トマトジュース（食塩無添加）……150mℓ　塩……小さじ1/3
- カレー粉……小さじ1
- 砂糖……小さじ1/4
- ブラックペッパー……3つまみ
- 粉山椒……2つまみ
- しょうがすりおろし……2つまみ

水……100mℓ

温かいごはん、粉山椒、高菜漬けなど好みの漬けもの………各適量

作り方

1. *A*をフライパンに入れ、混ぜて強めの中火にかける。
2. 3分ほどして水分が飛んだら、水を加えて1分ほど煮立たせる。
3. 器にごはんを盛り、カレーを適量かける。粉山椒を振り、高菜漬けを添える。

メモ

漬けものはたくあんやしば漬けなど、好みのものを。

切る↓煮る

たどり着いた牛丼

玉ねぎだけをお出汁で煮て、最後にお肉を余熱で火入れ。ユニークだけど、ワインとお酒の2種類使い。これが本当に美味しいんです。紅しょうががなければ梅干しで、お醤油を少し足した生卵をかけるとさらに悶絶ものです。

材料｜3～4人分

牛切り落とし肉……300g
玉ねぎ……1個（200g）
まいたけ……1パック（90g）
だし汁（カツオ節と昆布）……500mℓ
A｜しょうゆ……大さじ4
　みりん……大さじ3
　赤ワイン、酒……各大さじ1
　塩……小さじ1
温かいごはん、紅しょうが……各適量

作り方

1 玉ねぎは薄切りにする。まいたけはほぐす。

2 フライパンにだし汁と*1*を入れ、中火にかける。だし汁が半分になったら火を止め、*A*を加える。中火でひと煮立ちさせ、火を止める。

3 *2*に牛肉を入れ、菜箸でほぐす。弱火で肉の色が変わるまで煮る。

4 丼にごはんを盛り、*3*をのせ、紅しょうがを添える。

メモ

・牛肉を入れたら、煮込むのではなく弱火でやさしく柔らかに火を入れるイメージで。
・次の日は、トマトジュースとカレー粉を足せばカレー風に。じゃがいもを入れれば肉じゃが、豆腐を入れれば肉豆腐に。

切る↓ゆでる↓和える

白菜と豚こまの気楽な和え麺

1人でごはんを食べるときも、どこか満たされるような温かい気持ちになりたい時には、この和え麺を作ります。なんてことない、フライパンでひやむぎや細い乾麺をゆでるときに、お野菜とお肉も一緒にゆでるだけ。ざるにとって、釜揚げのように食べるのですが、さっぱりでもなく、こってりでもなくツルツルと胃の中に入っていきます。そのときの気分でラー油を多めにかけたり、柚子こしょうを添えたり、黒こしょうをたっぷり挽いても。そんな懐の深さも嬉しい。

材料｜1人分

豚こま切れ肉……80g
白菜……2枚
しめじ……1/2パック（50g）
ひやむぎ、うどんなどゆで時間5～6分程度の乾麺……100g
ごま油、ナンプラー……各小さじ2

作り方

1 白菜は5～6㎝長さに切ってから繊維に沿って細切りにする。しめじは根元を切り落としてほぐす。

2 フライパンに湯800㎖（分量外）を沸かし、乾麺と豚肉、*1*をゆでる。麺の袋の表示時間通りにゆで、ざるにあげて水気をきる。

3 *2*を器に盛り、ごま油とナンプラーを回しかけ、混ぜながら食べる。

しゃきしゃき、もちもち、ちゅるんちゅるん。いろんな食感と味が重なり、食べる手が止まらなくなる絶品お餅料理です。牡蠣のエキスをすっかり吸ったお餅の艶やかさよ。作った人だけがわかる美味しさです。

れんこんが仕切りになっているので、引っ張りながら取り分けてください。

切る↓焼く

れんこん牡蠣餅

材料｜3～4人分

牡蠣……100g
れんこん……200g
切り餅……4個（200g）
青ねぎ……2本
塩……2つまみ
油……大さじ1

たれ

しょうゆ、ポン酢を1:1で混ぜる。

a

作り方

1 牡蠣は塩分1%程度の塩水を張ったボウルに入れ、ひだを指でこすりながら洗う。水がきれいになるまで、塩水を替えて洗う。キッチンペーパーで水気をふき取る。

2 れんこんは皮つきのまま7㎝長さの細切りにする。長く切れない部分は1㎝厚さ程度のいちょう切りにする。切り餅は横長に置き、5㎜厚さに切る。

3 フライパンに油をひき、*2*のれんこんを並べる。中火にかけ、2分ほど焼き付ける。焦げ目がついたら裏返し、切り餅をまんべんなくのせ、中火で2分焼き付ける。

4 *3*を裏返し、菜箸であちこちすきまを空け、フライパンに直接当たるように*1*の牡蠣を入れていく（*a*）。

5 牡蠣は片面2分ずつ、焦げ目がうっすらつき、ぷっくりするまで焼く。餅とれんこんも何度か裏返し、焼き目をつけて塩を振る。

6 *5*を器に盛り、小口切りにした青ねぎを散らす。混ぜ合わせたたれを添える。

メモ

餅がくっついてチヂミのようになってしまうと、取り分けづらく食べにくいので、意識してすきまを空けるように焼く。菜箸で引っ張ってちぎるように分けるのがおすすめ。

もうひと晩寝かさなくても良いんです。
牛乳とパンをひたひたにしてレンジで温めるひと技で、感動もののほわんほわんのフレンチトーストが簡単に作れます。
シナモンが合うんです、これがまた！

切る↓焼く

ふわとろフレンチトースト

材料｜1～2人分

食パン（6枚切り）……1枚
牛乳……120mℓ
溶き卵……1個分
A｜バター……5g
　｜オリーブオイル……小さじ2
メープルシロップ……小さじ3
シナモンパウダー……適量
いちご、バナナなど好きな果物……適量

作り方

1 パンは6等分に切り、重ならないように耐熱容器に並べる。牛乳をかけ、ラップなしで電子レンジ(600W)で1分30秒加熱する。

2 フライパンに**A**を入れて中火で熱し、*1*を溶き卵にくぐらせて入れる。両面こんがりと焼き、仕上げにメープルシロップをかける。器に盛り、切った果物を添え、シナモンパウダーを振る。

おわりに

現在、生活を取り巻く環境はとても厳しくなってきています。戦争が起き、未曾有の物価上昇。平和で穏やかなはずの食卓にまで影響は及び、時間もない、いろんな余裕を持てない、そんな事情を抱えている方も少なくありません。

この本を作りはじめたときには、どこを向いて誰のために作っていけばいいのだろうかと、私自身もとても悩んだのを覚えています。

さっとごはんが出来たらいいなと思うときもあるし、じっくり向き合いたい時もある。人それぞれ「料理」に対しての姿勢は違います。

日々の調理の時間を楽しく過ごせること。そして、口にした時に、美味しいね、と気持ちがゆるむようなお料理を。純粋にそれだけを願ってできあがったのがこのフライパンレシピブックでした。

食は本来幸せな時間であるべきです。その思いを編んでいくように体現できるように詰め込みました。

妥協をせずいつも寄り添い、伴走してくださった家の光協会の磯部朋恵さん、色使いがたまらなく可愛いスタイリングをしてくださった来住昌美さん、レシピに込められた思いがきっちりと伝わるように仕立ててくださった福山雅美さん、洗練された美しい世界観を作ってくださったデザイナーの三木俊一さん、いつも細やかにサポートしてくださる野島二郎さん。私の味と料理の魅力を一番知っているカメラマンの今井裕治さん。

そしてこの本に関わってくださったみなさま、手に取って読んでくださっているみなさま。ありがとうございました。

あなたの食卓が今日もあたたかな場所でありますように。

2023　春　今井真実

調理別索引

食材別索引

今井真実

兵庫県神戸市出身、東京都在住。noteに綴るレシピやエッセイ、Twitterでの発信が幅広い層の支持を集め、雑誌、web、企業広告など、様々な媒体でレシピの製作、執筆を行う。身近な食材を使い、新たな組み合わせで作る個性的な料理は「知っているのに知らない味」「何度も作りたくなる」「料理が楽しくなる」など定評を得ている。長年にわたり料理教室を主宰。著書に『毎日のあたらしい料理　いつもの食材に「驚き」をひとさじ』（KADOKAWA）、『いい日だった、と眠れるように　私のための私のごはん』（左右社）、『料理と毎日　12か月のキッチンメモ』（CCC）がある。

note: https://note.com/imaimami/

Twitter: @imaimamigohan

デザイン——三木俊一（文京図案室）
写真——今井裕治
スタイリング——来住昌美
編集協力——福山雅美
校正——ケイズオフィス
DTP——天龍社
調理補助——野島二郎（野島商店）

初出
アスパラごはん……「hitotema」
豚肉とブルーベリーの白ワイン煮……「リンネル」2022年10月号
手羽元の昆布蒸し……「暮しの手帖」第5世紀19号
鶏とレンコンのローズマリーソテー、感動柿レバー……エスビー食品note # 旬とスパイス
アスパラさっとゆでオリーブじょうゆ、1分レタスのオイスターソース、おにちーきつね、ゆでねぎの酢漬け、ズッキーニのナンプラー酢炒め、ズッキーニのお茶フリット、ポテトマ、小松菜のじゅわっとオイル蒸し、小松菜ののりナンプラー、こんがり菜の花生ハム巻き、エリンギの香り炒め、かまぼこバジル、大根と桜エビの塩炒め……「アイスム」www.ism.life
れんこん牡蠣餅……「PLUS THERMOS」

Special Thanks
BALLARINI／バッラリーニ

フライパンファンタジア
毎日がちょっと変わる60のレシピ

2023年4月20日　第1刷発行
2023年6月 1 日　第2刷発行

著　者——今井真実
発行者——河地尚之
発行所——一般社団法人 家の光協会
〒162-8448
東京都新宿区市谷船河原町11
電話03-3266-9029（販売）
03-3266-9028（編集）
振替00150-1-4724
印刷・製本——図書印刷株式会社

ISBN 978-4-259-56760-6 C0077